Gwnewch y Pethau Bychain

Do the little things

I Dat

Gwnewch y Pethau Bychain

Do the little things

gol./ed. Ffion Heledd Gruffudd

y Lolfa

Diolch i bawb a gyfrannodd eu syniadau, i Rhys Iorwerth am fod mor barod ei gymwynas, i'm cyd-weithwyr a'm teulu annwyl ac i Grŵp Deddf (swyddogion iaith de-ddwyrain Cymru) am eu holl gymorth gyda'r llyfr hwn.

Thank you to everyone who contributed their ideas, to Rhys Iorwerth for being so willing to help, to my colleagues and my fabulous family and to Grŵp Deddf (south-east Wales Welsh language officers) for all their assistance with this book.

Argraffiad cyntaf: 2014
© Hawlfraint Ffion Heledd Gruffudd, y cyfranwyr a'r Lolfa Cyf., 2014

Gwnaed pob ymdrech i ganfod deiliaid hawlfraint y lluniau yn y gyfrol hon, a dylid cysylltu â'r cyhoeddwyr ag unrhyw ymholiadau

Dymuna'r cyhoeddwyr gydnabod cymorth ariannol
Cyngor Llyfrau Cymru

Clawr: Y Lolfa

Rhif Llyfr Rhyngwladol:
978 1 84771 902 7

Cyhoeddwyd ac argraffwyd yng Nghymru
ar bapur o goedwigoedd cynaladwy gan
Y Lolfa Cyf., Talybont, Ceredigion SY24 5HE
e-bost ylolfa@ylolfa.com
gwefan www.ylolfa.com
ffôn (01970) 832 304
ffacs 832 782

Cynnwys / Contents

Y Pethau Bychain

Mae'n argyfwng, dyna glywais
gan sawl un ar hyd y lle,
am fod geiriau'n mynd yn adlais
yng nghefn gwlad a fesul tre.

Ac mi glywais rai'n proffwydo
na fydd achub ar yr iaith.
Rhai mewn grym yn paldaruo
ond heb hidio llawer chwaith.

Deunaw wfft i bawb o'r rheiny:
dechrau wrth dy draed ar lawr.
Fesul nodyn y daw canu
adar mân yn dwrw mawr.

Er bod yna le i grio,
lle i ruo, lle i rant,
dim ond chdi dy hun all lwyddo
i gysuro yr hen sant.

                    Rhys Iorwerth

Do the Little Things

It's a crisis, so they say,
that's the verdict every day.
Even when they sing, the birds
have forgotten all the words.

Yes, I've heard predictions too
that this language won't pull through.
Others on a box accusing
those in suits of hesitating.

While the rest can stand and stare,
show the world how much you care.
Summer only takes one swallow
if the flock begins to follow.

Say a word, then say it loud:
one by one you'll form a crowd.
We can cry an old complaint
or just follow our own saint.

Rhys Iorwerth (trans.)

Rhagair

Mae'n bleser mawr i'ch cefnogi chi i 'wneud y pethau bychain' dros y Gymraeg. Fel bachan o Fynyddcerrig yng Nghwm Gwendraeth, ges i'n fagu yn Gymraeg a dwi'n defnyddio'r iaith bob cyfle ga i.

Rwy'n browd iawn o'r iaith ac fe siarada i Gymraeg ble bynnag y bydda i, yng Nghymru neu mewn unrhyw ran arall o'r byd. Un o 'nghas bethe yw clywed pobol sy'n Gymry Cymraeg rhugl yn siarad Saesneg â'i gilydd – ma fe'n digwydd lawer rhy amal y dyddie hyn.

Dwi'n cofio dyfarnu Mefin Davies pan o'dd e'n whare yng Nghaerlŷr. Ni'n dau o'dd yr unig Gymry Cymraeg ar y cae ond yn Gymraeg y bues i'n siarad ag e drwy'r gêm. Ro'dd y chwaraewyr erill yn edrych yn hurt arnon ni!

Ma sawl un wedi bod yn anhapus gyda'r ffaith mod i'n siarad Cymraeg gyda chwaraewyr. Ond nage trio neud pwynt ydw i; yn hytrach, rwy'n neud 'ny am ei fod e'n beth cwbl naturiol i fi 'i neud.

Byddai'n beth da cael mwy o hyfforddwyr a chwaraewyr i ddysgu rygbi trwy gyfrwng y Gymraeg – un peth bach alle wneud gwahaniaeth ar y meysydd rygbi, a gwneud fy swydd i'n haws!

Gobeithio y bydd y llyfr yma'n rhoi hyder i chi ddechre sgyrsiau a gwneud pob math o bethe bach dros y Gymraeg, a pheidio gofidio gormod beth ma pobol erill yn ddweud.

Nigel Owens
Chwefror 2014

Foreword

It's a great pleasure for me to support 'doing the little things' for the Welsh language. As a lad from Mynyddcerrig in the Gwendraeth Valley, I was raised in Welsh and I use the language on every possible occasion.

I'm very proud of the language and I will speak Welsh in Wales or anywhere else in the world. One of my pet hates is overhearing people who are fluent Welsh speakers speaking English with each other – it happens too often these days.

I remember refereeing Mefin Davies when he was playing in Leicester. We were the only Welsh speakers on the field and we spoke Welsh with each other throughout the game. The other players thought we were crazy!

Some people have been unhappy with the fact that I speak Welsh with the players. I'm not trying to prove a point, I'm only doing what comes naturally to me.

It would be great if we could get more coaches and players to teach rugby through the medium of Welsh – one small thing that could make a difference on the rugby pitch, and make my job a bit easier!

I hope this book will give you the confidence to start conversations and do many other little things in Welsh, and not worry too much about what other people may say.

Nigel Owens
February 2014

Cyflwyniad

Felly, dyma ni o'r diwedd! Y llyfr a fu'n destun trafodaeth frwd am flwyddyn a mwy, mewn amryw dafarn a gydag amryw ffrind. Llyfr a gafodd ei ysbrydoli gan sgwrs feddwol arall am dynged yr iaith a'r angen amlwg, yn enwedig yn dilyn cyhoeddi canlyniadau'r Cyfrifiad diwethaf, i wneud rhywbeth, unrhyw beth o gwbl, i wyrdroi'r sefyllfa. A oedd hi'n werth aros (o, hir aros!) i'r gwleidyddion, i'n llywodraeth, i unrhyw un arall wneud rhywbeth? Wedi'r cwbl, roedd yna gynhadledd fawr ar y gorwel ac adroddiad arall yn llawn argymhellion pwysig ar ei ffordd.

Ond eto, roedd pobl fel fi ym mhob man ar hyd a lled y wlad yn gweld y gwywo ac yn mynd yn fwy rhwystredig bob awr a âi heibio. Oedd, roedd amser siarad ar ben ac roedd eisiau gwneud rhywbeth. Felly, dyma fi'n mynd ati i greu'r llyfr hwn, llyfr sy'n rhoi'r gallu i ni gyd wneud rhywbeth heddi, nawr – tra ein bod ni'n aros.

Rwy'n derbyn nad beibl mohono, ond mae'n well na gwneud dim a gobeithio y caiff ryw fath o effaith gadarnhaol ar y Gymraeg a Chymreictod trwy eich gweithredoedd chi – wel, ni, pob un ohonom ni. Yn Gymry Cymraeg, yn Gymry di-Gymraeg, yn newydd-ddyfodiaid ac yn hen ffyddloniaid, mae'r llyfr hwn yn berthnasol i bawb yng Nghymru, i'r rhai sy'n caru Cymru a gwylio'r rygbi, sydd eisiau gweld yr iaith yn ffynnu a'r ymdeimlad cenedlaethol yn cynyddu.

Mae *Gwnewch y Pethau Bychain* yn llawn o'ch syniadau chi bobl Cymru am y pethau bach (ond pellgyrhaeddol, gobeithio!) y gall pob un ohonom eu gwneud er mwyn Cymreigio Cymru, hyrwyddo, cefnogi a chynyddu'r niferoedd sy'n defnyddio'r iaith a chodi ymwybyddiaeth ohoni ac o'r wlad yr ydym yn byw ynddi.

Gall pethau bach wneud gwahaniaeth mawr. Er enghraifft, pe byddai pawb yng Nghaerdydd a oedd yn ystyried eu hunain yn Gymry yn y Cyfrifiad diwethaf yn rhoi un syniad yn unig ar waith, byddai sticer Cymru ar 60% o holl geir y ddinas! Dychmygwch naws gymaint yn fwy Cymreig fyddai i'n prifddinas petai hynny'n digwydd. Mae gosod sticer ar gar yn rhywbeth mor rhwydd i'w wneud, yn rhywbeth y gall pawb ei wneud – eiliad o'ch amser. Os gwnewch chi'r un peth hwn, mae'r llyfr yn llwyddiant yn barod! Ond os ewch chi gam ymhellach a cheisio gwireddu'r holl syniadau sy'n berthnasol i chi, a bod pob un ohonom yn gwneud yr un peth, yna fe welwn wir wahaniaeth. Ewch amdani!

Ffion Heledd Gruffudd
Chwefror 2014

Introduction

Well, we made it! Here's the book we've been discussing enthusiastically for well over a year now, in various drinking establishments with friends from near and afar. Indeed, the inspiration for this book was yet another drunken conversation about the fate of the language and the obvious need, especially following the publication of the latest Census results, to do something, anything, in order to address the situation. Should we wait (for an eternity it seems!) for the politicians, our government or anyone else to take a stand? After all, there was another conference in the pipeline and a weighty report full of important recommendations on its way.

And yet, people like me from all parts of the country were witnessing the decline and becoming more and more frustrated with every passing hour. The time had come to stop talking and take some action. So, I decided to write this book, a book that will enable us all to play our part today, now – while we wait.

It's not a bible by any means, but it's better than doing nothing at all. I sincerely hope that it has a positive effect on Wales and Welsh identity as a direct result of your actions – well, all of our actions. Welsh speakers, non-Welsh speakers, newcomers and the old faithful, this book is relevant to all of us here in Wales, the ones who love this country and those who support the rugby, the ones who want to see the language thriving and our sense of national pride increasing.

Gwnewch y Pethau Bychain/Do the Little Things is full of your ideas about the little things (hopefully with far-reaching consequences!) that we can all do in order to ensure a Wales of which we can be proud. It's about promoting, supporting and increasing the use of the language and raising awareness of it as well as of our nation. And little things can make a big difference.

For example, if all those people from Cardiff who identified themselves as being Welsh in the last Census adopted just one of the many ideas in this book, then 60% of all the cars in our capital would have 'Wales' stickers on them. Just imagine! A city where the Welsh flag could be seen countless times on every street! This is such a simple idea that would hardly take more than a few seconds to put in place. And if you only do this one small thing, then this book has already been worth it! But should you go further and try to realise all the ideas that are relevant to you, and if we all do the same, then we will start to see a real difference. Go for it!

Ffion Heledd Gruffudd
February 2014

Yn y gymuned a bywyd bob dydd
In the community and daily life

Dechreuwch bob sgwrs yn Gymraeg. Os yw'r iaith yn cael ei chlywed yn ein cymunedau, bydd pobl yn gweld pwrpas iddi.

Start every conversation in Welsh. If the language is heard in our communities, people will see that it has a purpose.

Peidiwch byth â chymryd yn ganiataol nad yw'r bobl yr ydych yn eu cyfarch yn gallu deall neu siarad Cymraeg. Mynnwch siarad Cymraeg a Chymraeg yn unig gyda phawb. Peidiwch â rhagdybio bod y bobl yn y siop/yn y swyddfa/ar y trên yn ddi-Gymraeg!

Don't ever take for granted that the people you greet don't understand or speak Welsh. Insist on speaking Welsh, and only Welsh, with everyone. Don't assume that people in the shop/in the office/on the train are non-Welsh speakers!

Gwnewch addewid eich bod bob amser yn dweud 'diolch' yn lle 'thank you' wrth dalu mewn siop. Gweithred syml iawn, ond mae'n tynnu sylw pobl.

Make a pledge to always say 'diolch' instead of 'thank you' when you're at the tills in a shop. A simple act that attracts people's attention.

Heriwch unrhyw un sy'n ceisio eich atal rhag siarad Cymraeg.

Challenge anyone who attempts to stop you from speaking Welsh.

Defnyddiwch eiriau neu ymadroddion
Cymraeg yn eich bywyd bob dydd:
Use Welsh words or phrases in everyday life:

'Bore da' Croesawu pawb yn Gymraeg
Welcome everyone in Welsh

'Diolch yn fawr' Diolch i bawb yn Gymraeg
Thank everyone in Welsh

'Croeso' Ymateb yn Gymraeg ar ôl cael diolch
Acknowledge in Welsh

'Hwyl fawr' Defnyddio'r Gymraeg wrth ymadael
Use Welsh to say goodbye

Beth am gychwyn ymgyrch i berswadio pobl i gyfarch ei gilydd yn Gymraeg bob amser? Byddai hyn yn dangos ein bod ni'n ystyried ein hiaith yn un swyddogol. Gellid cynnal ymgyrchoedd yn y wasg, y gweithle a'r ysgolion. Mae pob cam bach yn helpu'r achos.

How about initiating a campaign to encourage people to greet each other in Welsh every time? This would show that we consider our language to be an official one. Campaigns could be held in the media, in the workplace and in schools. Every little helps!

Peidiwch â bod yn rhy hunanfeirniadol o safon eich Cymraeg. Mae'n iawn i bobl siarad yn wahanol, gan gynnwys slang, acenion ac ymadroddion llafar. Y peth pwysig yw eich bod yn defnyddio'ch Cymraeg.

Don't be too self-critical of your Welsh-language ability. It is accepted that people speak differently, with slang, accents and colloquialisms. The fact that you use your spoken Welsh is the most important thing.

Helpwch ddysgwyr i ymlacio wrth siarad. Trwy hyn, byddant yn mwynhau dysgu ac yn defnyddio'r iaith yn amlach yn y gymuned. Help learners to relax while speaking and with it will come the enjoyment of both learning and using the language within the community more frequently.

Crëwch gyfleoedd i'n dysgwyr gymdeithasu yn Gymraeg yn y gymuned ac ymdrechwch i helpu rhywun sy'n dysgu Cymraeg – plentyn neu oedolyn ar eich stryd efallai. Create opportunities for learners to socialise in Welsh in the community and make an effort to help someone learn Welsh – a child or adult on your street, perhaps.

Anogwch eich ffrindiau neu'ch cyfoedion di-Gymraeg i ddysgu'r iaith a rhowch resymau da iddynt dros wneud hynny e.e. er mwyn helpu eu plant a dangos iddynt ei bod yn iaith i bawb, nid dim ond y tu fewn i waliau'r ysgol. Encourage your non-Welsh-speaking friends or peers to learn the language and give them good reasons for doing so e.g. to help their children and show them that it is a language for everyone, not only within school walls.

Os ydych yn siarad Cymraeg, beth am wirfoddoli i helpu gydag amser rhigymau ac amser stori yn y llyfrgell leol fel y gall rhan o'r sesiwn honno gynnwys cerdd neu stori Gymraeg? If you speak Welsh, why not volunteer to help with rhymetime and storytime at your local library so that part of the session can include a Welsh poem or story?

Rhowch gynnig ar ddefnyddio geiriau Cymraeg sylfaenol gyda ffrindiau di-Gymraeg, hyd yn oed os nad ydynt yn dysgu'r iaith. Buan iawn y byddant yn dod i ddysgu ymadroddion syml fel 'diolch', 'bore da', 'Paned?' neu 'Cau dy geg!'.

Try to use simple Welsh words with non-Welsh-speaking friends, even if they aren't learning the language. They will soon learn simple vocabulary like 'diolch' for 'thank you', 'bore da' for 'good morning', 'Paned?' when you're offering a cuppa or 'Cau dy geg!' when you're telling them to shut up!

Er mwyn cynyddu hyder pobl sy'n tanystyried eu gallu yn Gymraeg, beth am esgus eich bod wedi anghofio gair Cymraeg syml? Bob tro y byddant yn dod o hyd i'r gair cywir bydd hynny'n cynyddu eu hyder yn Gymraeg.

Many people understand more Welsh than they think they do. How about pretending that you have forgotten the Welsh word for something when speaking to them? Every time they know it, it will improve their confidence in Welsh.

Siaradwch Gymraeg â phobl yr ydych yn gwybod eu bod yn gallu gwneud hynny ond sy'n dewis peidio. Hyd yn oed os ydyn nhw'n eich ateb yn Saesneg, parhewch i siarad Cymraeg ac esboniwch yr hoffech siarad â nhw drwy gyfrwng y Gymraeg.

Speak Welsh with people whom you know can speak Welsh, but choose not to. Even if they answer in English, continue to speak in Welsh and explain that you'd like to speak Welsh to them.

Nodwch ar bob cyfle posibl eich bod yn siarad a deall Cymraeg – mae cynifer o Gymry Cymraeg na wnaethant nodi hyn yng Nghyfrifiadau 2001 a 2011!

At every possible opportunity, note that you speak and understand Welsh – so many Welsh speakers didn't note this in the 2001 and 2011 Censuses!

Sicrhewch fod arwyddion dwyieithog yn eich parciau a'ch canolfannau lleol fel bod plant a phobl ifanc yn gweld Cymraeg fel iaith fyw, nid dim ond iaith addysg.

Ensure that there are bilingual signs in your parks and local centres so that children and young people see Welsh as a living language, not only a language of education.

Cofiwch fod yr iaith Gymraeg yn berchen i bawb yng Nghymru.

Remember that the Welsh language belongs to everyone in Wales.

Os ydych yn symud i Gymru, gwnewch yn siŵr eich bod yn cadw enw Cymraeg eich cartref neu fferm. Os nad oes enw Cymraeg arno, dewch o hyd i'r enw gwreiddiol. Peidiwch â'i newid i'r Saesneg.

If you are moving to Wales, keep or reinstate the Welsh name of your house or farm. Do not change it to English.

Cadwch enwau'r caeau ar eich fferm yn Gymraeg, a chofnodwch nhw ar gyfer y dyfodol.

Keep the Welsh field names on your farm, and record them for the future.

Dysgwch am hanes Cymru, dysgwch eich plant am hanes Cymru a dysgwch hanes Cymru i fewnfudwyr.

Learn about Welsh history, teach your children about Welsh history and teach Welsh history to people who move to Wales.

Canwch 'Pen-blwydd Hapus' yn dilyn unrhyw 'Happy Birthday' sy'n cael ei ganu, ac annog pobl i ymuno!

Sing 'Pen-blwydd Hapus' after any 'Happy Birthday' that you hear, and encourage people to join in!

Defnyddiwch fersiwn Gymraeg o gyfeiriad gwe, os oes un ar gael.
If available, use the Welsh address for an internet site.

Anfonwch e-bost i'r cyrff hynny nad yw eu gwefannau ar gael yn Gymraeg.
Send an e-mail to any establishment that does not provide a Welsh website.

Anfonwch gardiau pen-blwydd/Nadolig Cymraeg at bawb.
Send Welsh birthday/Christmas cards to everyone.

Anogwch bobl i ysgrifennu negeseuon Cymraeg – 'pob lwc', 'pen-blwydd hapus', 'llongyfarchiadau' ac ati – mewn cardiau ac ar labeli anrhegion.
Encourage people to write messages in Welsh – 'pob lwc' to wish good luck, 'pen-blwydd hapus' for a happy birthday, 'llongyfarchiadau' to congratulate and so on – in cards and on gift labels.

Defnyddiwch enwau lleoedd Cymraeg (neu'r sillafiad Cymraeg) ac ysgrifennwch gyfeiriadau ar lythyron yn Gymraeg.
Use Welsh-language placenames (or the Welsh spelling) and write addresses on letters in Welsh.

Pan fyddwch yn dysgu gyrru, rhowch blatiau 'D' yn hytrach nag 'L' ar y car.
When learning to drive, place 'D' plates ('Dysgwr') on the car instead of 'L' plates.

Dewiswch sefyll eich prawf gyrru yn Gymraeg.
Take your driving test in Welsh.

Canmolwch ddarpariaeth neu wasanaeth Cymraeg da drwy gysylltu â'r sefydliad neu fusnes dan sylw i'w llongyfarch. Mae clodfori gwasanaeth da yr un mor bwysig â chwyno am wasanaeth gwael.

Praise any Welsh-language provision or service that reaches a high standard by contacting the organisation or business in question to congratulate them. Praising good service is just as important as complaining about poor service.

Os darllenwch lythyr, ffurflen gais neu wefan gan gyngor neu awdurdod sy'n gwneud i chi fod eisiau troi at y fersiwn Saesneg er mwyn ei ddeall, rhowch wybod i'r sefydliad sy'n gyfrifol amdano. Gall y sefydliad fynegi hyn wrth y cyfieithwyr, a fyddai'n gallu addasu rhannau ohono neu sicrhau y bydd dogfennau tebyg yn symlach yn y dyfodol.

If you read a letter, application form or website by a council or authority which makes you turn to the English in order to understand it, let the responsible establishment know. The establishment can then inform the translators, who can adapt the relevant parts or ensure that they use simpler language in future.

Dysgwch yr anthem genedlaethol i bawb yn eich cymuned! Dim mwy o deimlo'n annifyr mewn cynadleddau gwleidyddol neu gêmau rygbi.

Teach the Welsh national anthem to everyone in your community! No more embarrassing moments at political conferences or rugby matches.

Gosodwch faner y Ddraig Goch ar gyrion pentrefi, trefi a dinasoedd.

Place the Red Dragon flag on the way in to villages, towns and cities.

Cofiwch drydar yn Gymraeg
Tweet in Welsh

Defnyddiwch y gosodiadau Cymraeg ar Twitter a Facebook. Mae'n hawdd eu newid yn ôl os bydd angen.

Use the Welsh settings on Twitter and Facebook. It's easy to change them back if needed.

Diweddarwch eich statws Facebook, neu Twitter, yn Gymraeg, gan wneud yn siŵr bod pob un o'ch ffrindiau/dilynwyr yn gallu ei weld.

Update your Facebook status, or Twitter, in Welsh, ensuring that all of your friends/followers can see it.

Rhannwch ddigwyddiadau Cymraeg/Cymreig ar Facebook a Twitter e.e. Dydd Gŵyl Dewi, Dydd Santes Dwynwen ac ati.

Share Welsh events on Facebook and Twitter e.g. St David's Day, St Dwynwen's Day.

Peidiwch â chywiro camsillafu/camdreiglo/Wenglish ar gyfryngau cymdeithasol. Mae cywiro dysgwr ar Twitter neu Facebook yr un mor anfoesgar â gwneud hynny wyneb yn wyneb.

Don't correct grammatical errors/mutations/Wenglish on social media. Correcting a learner on Twitter or Facebook is just as discourteous as doing so face to face.

Ysgrifennwch sylwadau yn Gymraeg ar Facebook
Comment in Welsh on Facebook

Rhannwch lyfrau Cymraeg am ddim! Gadewch nhw mewn caffi, menter gydweithredol leol neu ar y bws er mwyn i bobl gael eu darllen ac yna'u gadael yn rhywle arall fel bod rhywun newydd yn cael eu darllen. Cofiwch gael amrywiaeth, o lyfrau comig i nofelau cyfoes a llyfrau byrrach ar gyfer y rhai y mae'r iaith yn newydd iddynt.

Share Welsh books for free! Leave them in cafes, local co-ops or on the bus for people to read before leaving them somewhere else for other people to read them. Provide a variety, from comic books to contemporary novels and shorter books for those who are new to the language.

Os ydych chi'n gadael neges i'r postmon, y dyn llaeth neu i ddynodi na ddylai rhywun barcio yn rhywle, gwnewch hynny'n ddwyieithog, gyda'r Gymraeg yn gyntaf ac yn fwy na'r Saesneg.

If you leave a message for the postman, the milkman or to tell people that they shouldn't park somewhere, do so bilingually with the Welsh version first and in larger writing than the English.

Gosodwch fwy o arwyddion Cymraeg yn eich cymuned.

Place more Welsh-language signs in your community.

Gwnewch yn siŵr fod arwyddion Cymraeg yn cael lle amlycach yn y gymuned, yn enwedig mewn siopau cornel a siopau llai, i hysbysebu beth sy'n digwydd yn Gymraeg mewn canolfannau lleol.

Make Welsh signs more prominent in the community, especially in corner shops and smaller establishments, advertising what is going on through the medium of Welsh in local venues.

Trefnwch fwy o foreau coffi/digwyddiadau cymdeithasol er mwyn i ddysgwyr gael ymarfer eu Cymraeg yn y gymuned.

Arrange more coffee mornings/social events so that learners can practise their Welsh in the community.

Cofiwch fod dyletswydd arnom ni sy'n Gymry Cymraeg i sicrhau ein bod yn cael gwasanaeth Cymraeg lle bynnag y gallwn ni.

Remember that there is a duty on us Welsh speakers to ensure that we receive Welsh-language services whenever we can.

Defnyddiwch y gwasanaethau Cymraeg sydd ar gael i chi neu byddwn ni'n eu colli. Gallwch nodi dewis iaith gyda'ch cyngor lleol, y llyfrgell a llwyth o wasanaethau cyhoeddus a phreifat eraill.

Use the Welsh-language services that are available or we will lose them. Make sure you register your language choice with your local council, the library as well as other private and public services.

Os oes gennych rywbeth i'w gynnig neu i'w werthu, holwch y papur bro neu'r fenter iaith leol a fyddai modd iddyn nhw ei hysbysebu i chi.

If you have something to offer or sell, ask the local Welsh-language community newspaper or the Welsh language initiative whether they would be able to advertise it for you.

Galwch bobl eich cymunedau ynghyd – pobl o bob oedran – fel rhan o ŵyl bentref/tref i ddathlu Cymreictod.

Bring your community together – people of all ages – as part of a village/town festival to celebrate Welshness.

Trefnwch gigs yn eich cymuned. Trwy fynd i gigs mae pobl yn dod i adnabod pobl debyg ar draws Cymru.

Organise gigs in your community. By going to gigs, people get to know similar people across Wales.

Trefnwch rywbeth fel Diwrnod Shwmae/Su'mae yn amlach nag unwaith y flwyddyn.

Organise something like the Shwmae/Su'mae Day more often than once a year.

Rhowch y Gymraeg a'r Saesneg ar bwys ei gilydd mewn cyhoeddiadau yn lle rhoi un yn naill ben y cyhoeddiad a'r llall ben i waered yn y pen arall. Bydd darllenwyr nad ydynt o reidrwydd yn hyderus yn y Gymraeg yn gallu edrych ar gyfieithiadau geiriau nad ydynt yn eu deall, a'u dysgu. Byddai hyn hefyd yn hyrwyddo'r ieithoedd fel dwy sy'n cyd-fyw yn hytrach na gwrthdaro.

Place the Welsh and English languages next to each other in publications rather than using the tilt and turn approach. This will enable readers whose command of Welsh may not be great to readily check translations of words not understood, and learn them. This would also promote the languages as ones that complement rather than compete against each other.

Rhowch y Gymraeg yn gyntaf ac yn lliwgar ar bosteri. Anogwch bobl i ddefnyddio mwy o'r Gymraeg ar bosteri a thaflenni sy'n hysbysebu gweithgareddau a digwyddiadau cymunedol, hyd yn oed os ydyn nhw'n ddigwyddiadau neu weithgareddau Saesneg. Mewn rhai ardaloedd, beth am bosteri uniaith Gymraeg?

Put the Welsh first in bright colours on posters. Encourage people to use more Welsh on posters and leaflets which advertise community activities and events, even if they are English-language events or activities. In some areas, how about Welsh-only posters?

Ystyriwch roi neges Saesneg neu ddwyieithog i hyrwyddo'r Gymraeg yn gadarnhaol ar Radio Wales a gorsafoedd Saesneg yng Nghymru, y papurau cenedlaethol a safleoedd gwe cymdeithasol.

Consider publishing an English or bilingual message to promote Welsh in a positive way on Radio Wales and other English-language stations in Wales, the national newspapers and social networks.

Hyrwyddwch yr Efengyl yng Nghymru, adfywiwch y capeli, canwch yr emynau, darllenwch y gweddïau a'r Beibl (un William Morgan a'r Beibl Cymraeg Newydd). Rhain oedd asgwrn cefn y Gymraeg a'i diwylliant.

Promote the Gospel in Wales, revive the chapels, sing the hymns, read the prayers and the Bible (William Morgan's version and the Beibl Cymraeg Newydd). These were the backbone of the Welsh language and culture.

Gofynnwch i wleidyddion ac ymgeiswyr lleol am eu barn ar yr iaith a'r hyn y maen nhw wedi'i wneud i hyrwyddo dwyieithrwydd.

Ask your local politicians and candidates about their views on the language and what they have done to promote bilingualism.

Gofynnwch i'ch gwleidyddion lleol am ddeunydd dwyieithog i hyrwyddo eu gwaith ac atgoffwch nhw am gyfreithiau iaith.

Ask your local politicians to offer bilingual materials to promote their work and remind them of the language laws.

Prynwch a darllenwch lyfrau Cymraeg.

Buy and read Welsh books.

Ymunwch â grŵp trafod llyfrau Cymraeg.

Join a Welsh book discussion group.

Rhowch faner Cymru ar rif adnabod eich car. Os bydd hyn yn cael dylanwad, dylid ei wneud ar gyfer pob car sydd wedi'i gofrestru yng Nghymru.

Get car number plates with the Welsh flag on them. If it has an impact, these should be made standard for all cars registered in Wales.

Pe byddai gwirfoddolwyr yn y gymuned yn gwisgo bathodyn byddai'n ffordd hawdd i siaradwyr Cymraeg sylweddoli bod modd iddynt siarad Cymraeg â nhw. Yn yr un modd, gallai dysgwyr Cymraeg sy'n gweithio mewn siopau, swyddfeydd, theatrau ac ati wisgo bathodyn tebyg fyddai'n galluogi siaradwyr Cymraeg i gyfathrebu â nhw a'u helpu i ymarfer yr iaith.

Volunteers in the community could wear a badge which would be an easy way for Welsh speakers to realise that they can speak Welsh with them. In the same way, Welsh learners who work in shops, offices, theatres etc could wear a similar badge that would enable Welsh speakers to communicate with them in Welsh and help them to practise the language.

Mae mwy a mwy o siopau yn gwerthu nwyddau i'r cartref gyda geiriau Cymraeg arnynt fel 'bin bara', 'te', 'coffi'. Beth am ehangu'r defnydd i lawer mwy o eitemau, a gweld y Gymraeg yn gyfartal â'r Saesneg mewn siopau fel hyn? Mae hyd yn oed pobl sydd ddim yn siarad Cymraeg yn hoffi'r syniad o brynu pethau fel hyn.

There are more and more shops selling homeware featuring Welsh words such as 'bin bara' (bread bin), 'te' (tea) and 'coffi' (coffee). How about extending the range of items and making the Welsh language equal to English in shops like this? Even people who don't speak Welsh like the idea of buying items like this.

Gwnewch yn siŵr eich bod yn cefnogi cwmnïau sy'n gefnogol i'r Gymraeg neu sy'n cynnig gwasanaeth Cymraeg.

Ensure that you support companies who are supportive of the Welsh language or offer a Welsh-language service.

Beth am annog gyrwyr bws/trên/tacsi i ddweud 'croeso'/'hwyl fawr'/'diolch' wrth eu teithwyr?

How about encouraging bus/train/taxi drivers to say 'croeso' (welcome) /'hwyl fawr' (goodbye) /'diolch' (thank you) when passengers embark or disembark?

Beth am annog cwmnïau i gynhyrchu arwyddion 'Open/Closed' yn ddwyieithog, fel y rhai 'OPEN' a geir mewn goleuadau neon llachar – dwi erioed wedi gweld un Cymraeg.

Encourage companies to create bilingual 'Open/Closed' signs – such as the illuminated bright neon 'OPEN' signs. I have never seen a Welsh one.

Beth am godi arwyddion 'Shwmae/Su'mae' mewn siopau a mannau lle gall dysgwyr Cymraeg ddefnyddio ac ymarfer yr iaith?

How about having 'Shwmae/Su'mae' signs in shops and places where Welsh learners can use and practise the language?

Codwch arwyddion yn Gymraeg yn unig. Ni fydd yn hir cyn i bobl ddysgu beth maen nhw'n ei feddwl. Byddai'n arbed arian ac yn helpu pobl i ddysgu mwy o Gymraeg.

Put signs up in Welsh only. It won't take people long to learn what they mean. It would save money and help people to learn more Welsh.

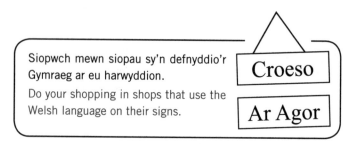

Siopwch mewn siopau sy'n defnyddio'r Gymraeg ar eu harwyddion.

Do your shopping in shops that use the Welsh language on their signs.

Croeso

Ar Agor

Mae angen mwy o arwyddion mewn busnesau ac adeiladau cyhoeddus i ddangos ble a gan bwy mae'n bosibl cael gwasanaeth Cymraeg.

More signs are needed in public buildings and businesses showing where and who offers a Welsh-language service.

Prynwch gynnyrch Cymreig lleol.

Buy local Welsh produce.

Os ydych yn dysgu Cymraeg, ceisiwch brynu cynnyrch gan ddefnyddio'r Gymraeg.

If you're learning Welsh, try to buy produce using your Welsh.

Cefnogwch ffermwyr Cymru drwy brynu cig Cymreig, gan eich cigydd yn ddelfrydol, ond hyd yn oed mewn archfarchnad. Edrychwch am faner Cymru.

Support Welsh farmers by only buying Welsh meat, ideally from your butcher, but even when buying meat from the supermarket, always look out for the Welsh flag.

Dewiswch grefftwyr sy'n siarad Cymraeg. Mae gan Fenter Caerdydd gyfeiriadur o'r holl wasanaethau y gellir eu darparu yn Gymraeg yn yr ardal.

Choose craftsmen who can speak Welsh. Menter Caerdydd has a directory of all the services which can be provided in Welsh in the area.

Gofynnwch i'ch menter iaith leol greu cyfeiriadur o grefftwyr a gwasanaethau lleol sydd ar gael yn Gymraeg.

Ask your local Welsh language initiative to create a directory of local craftsmen and services that are available in Welsh.

Cefnogwch sefydliadau, gweithgareddau a chyngherddau Cymraeg yn eich ardal. Maent yn cael eu cynnal gan Gymry Cymraeg er ein mwyn ni ac er mwyn i'r iaith Gymraeg barhau a chryfhau.

Support Welsh-language organisations, activities and concerts in your area. They are organised for us by Welsh speakers in order to sustain and strengthen the language.

Gofynnwch i'ch meddyg/deintydd a oes modd cael gwasanaeth Cymraeg – cynigiwch helpu gydag arwyddion Cymraeg yn y feddygfa/clinig.

Ask your doctor/dentist whether it's possible to have a Welsh-language service – offer to help with Welsh signs in the surgery/clinic.

Ceisiwch berswadio perchnogion adeiladau cymdeithasol – tafarndai, caffis a neuaddau pentref – i wneud y mwyaf o'n diwylliant: gosod posteri eiconig Cymreig, posteri o gerddorion, actorion ac arwyr Cymraeg a Chymreig ar y waliau.

Persuade the owners of social venues – pubs, cafes and village halls – to make the most of our culture by displaying iconic Welsh posters, posters of Welsh musicians, actors and heroes on the walls.

Beth am greu siop dan yr unto ar gyfer eich holl anghenion ieithyddol, yn eich pentref, tref neu ar y we?

Create a one-stop shop for all your lingustic needs in your village, town or online.

Wrth gwblhau arolygon i gwmnïau, cofiwch ddweud bod y gallu i gael gwasanaeth yn Gymraeg yn ffactor bwysig wrth i chi benderfynu defnyddio'r cwmni ai peidio.

When completing company surveys, state that the availability of Welsh-language services is an important factor in deciding whether to use that company or not.

Gofynnwch am wasanaeth yn Gymraeg gan bob corff cyhoeddus, bob tro yr ydych yn ymweld, yn eu ffonio neu'n gohebu â hwy.

Always ask for public services in Welsh when you use, phone or contact them.

Cwynwch os nad oes gwasanaeth Cymraeg ar gael gan unrhyw gorff cyhoeddus yn eich ardal chi. Mae dyletswydd statudol arnynt i ddarparu gwasanaethau yn ddwyieithog.

Complain if any public body in your area doesn't offer a Welsh-language service. They have a statutory duty to provide bilingual services.

Defnyddiwch wasanaeth Cymraeg y DVLA ar y ffôn neu'r we i archebu disgiau treth car.

Use the DVLA's Welsh-language telephone or online service to order car tax discs.

⌐ RHOWCH GYNNIG ARNI! ⎯⎯⎯⎯⎯

Os ydych yn ddysgwr, does dim ots pa mor anodd yw hi na pha mor wael yr ydych chi'n meddwl yw eich sgiliau Cymraeg – rhowch gynnig arni!

If you are a learner, it doesn't matter how hard you find it or how poor you think your Welsh is – give it a go!

GIVE IT A GO!

Defnyddiwch linell Gymraeg BT i wneud ymholiadau.

Use BT's Welsh-language line for enquiries.

Wrth ffonio'r llinell Gymraeg a chael eich trosglwyddo i siarad â rhywun yn Saesneg, rhowch wybod i'r cwmni nad ydych yn hapus a gofyn eto am y llinell Gymraeg.

If you phone a Welsh-language line and get transferred to an English speaker, make sure that you complain and ask to speak with someone on the Welsh line again.

Atebwch y ffôn yn Gymraeg bob tro.

Answer the phone in Welsh every time.

Ysgrifennwch sieciau yn Gymraeg. Gofynnwch i'ch banc am lyfr sieciau Cymraeg/dwyieithog.

Write cheques in Welsh. Ask your bank for a Welsh/bilingual chequebook.

Gofynnwch i'ch banc am ddatganiadau banc Cymraeg.

Ask for Welsh-language bank statements from your bank.

Cysylltwch â'ch banc a gofyn iddyn nhw drefnu bod eu peiriannau codi arian yn eich croesawu yn Gymraeg yn gyntaf, gydag opsiwn i newid i Saesneg.

Contact your bank and ask them to ensure that their ATMs greet you in Welsh first, with an option to change to English.

Defnyddiwch yr opsiwn Cymraeg wrth godi arian o'r peiriant twll yn y wal.

Use the Welsh-language option when getting money from an ATM.

Dewiswch yr opsiwn Cymraeg ar y tiliau hunanwasanaeth newydd yn y siopau er mwyn i bobl glywed y Gymraeg. Rhowch bwysau ar gwmnïau eraill i gynnig dewis iaith.

Choose the Welsh-language option at the new self-service tills in shops so that people can hear Welsh. Put pressure on other companies to offer a choice of language.

Gofynnwch i grwpiau mawr fel Bore Coffi Macmillan, Comic Relief, Plant mewn Angen ac ati gynnig pecynnau, ffurflenni noddi, posteri ac ati dwyieithog i bobl sy'n casglu arian ar eu rhan.

Ask large groups such as Macmillan Coffee Morning, Comic Relief, Children in Need and others to offer bilingual packages, sponsorship forms, posters etc for people who are collecting money on their behalf.

Os ydych yn trefnu digwyddiad yn eich cymuned, sicrhewch fod y wybodaeth i gyd yn ddwyieithog e.e. pecyn croesawu, byrddau arddangos, cyflwyniadau ac ati.

If you are organising an event in your community, ensure that all the information is bilingual, e.g. welcome pack, pop-ups, presentations etc.

Anogwch ysgolion eglwysig, eglwysi a chapeli i sefydlu diwrnod o weddïo Cymraeg ar draws Cymru, a darparu gweddïau. Gallai'r rhain gael eu defnyddio mewn gwasanaethau ar ddyddiadau penodol.

Encourage church schools, churches and chapels to organise a Welsh prayer day across Wales, and to provide prayers. These could be used in services on specific dates.

Anogwch sefydliadau fel Nofio Cymru ac Undeb Rygbi Cymru i fynd ati i ddefnyddio'r Gymraeg ar ochr y pwll ac ar y cae rygbi.

Encourage establishments such as Swim Wales and the Welsh Rugby Union to use the Welsh language pool-side and pitch-side.

Rhowch bwysau ar eich cyngor lleol i ystyried yr iaith wrth gynllunio tai.
Put pressure on your local council to consider the language when planning housing.

Gofynnwch i'ch menter iaith neu gyngor lleol drefnu mwy o ddigwyddiadau i ddathlu'r Gymraeg yn eich ardal chi.
Ask your local Welsh language initiative or council to arrange more events to celebrate the Welsh language in your area.

Trefnwch ddigwyddiadau lleol fel modd i hyrwyddo cynnyrch lleol.
Organise local events as a way of promoting local produce.

Crëwch ryw fath o farc ansawdd yn eich cymuned ar gyfer y busnesau hynny sy'n darparu gwasanaethau dwyieithog o safon neu'n cefnogi'r Gymraeg yn lleol.
Create some sort of quality mark in your community for those businesses that provide bilingual services of a high standard, or support the Welsh language locally.

Gwobrwywch gwmnïau preifat sy'n gwneud pwynt o hyrwyddo'r iaith ac annog staff i fod yn ddwyieithog.
Reward private companies that make a point of promoting the language and encouraging staff to be bilingual.

Cynigiwch greu arwyddion Cymraeg neu ddwyieithog ar gyfer eich tafarn neu ysgol leol.

Offer to create Welsh or bilingual signs for your local pub or school.

Pwyswch ar eich cyngor lleol i arddel y Gymraeg yn y gymuned ond hefyd yn ei wasanaethau mewnol o ddydd i ddydd.

Put pressure on your local council to promote the Welsh language in the community but also on a daily basis in its internal services.

Awgrymwch wrth eich cyngor lleol y dylai fabwysiadu polisi i hybu rhyngweithio drwy'r Gymraeg a fyddai'n annog dysgwyr i siarad yr iaith mewn sefyllfaoedd bob dydd, gan fagu hyder. Bob tro y bydd dysgwr yn 'rhoi cynnig arni' gall gael stamp ar ei gerdyn ffyddlondeb a phan fydd ei gerdyn yn llawn bydd modd cael gostyngiad/mynediad am ddim i lefydd lleol o bwysigrwydd Cymreig.

Suggest to your local council that they could adopt a policy to promote interaction in Welsh which would encourage learners to speak the language in everyday settings and increase their confidence. Every time a learner 'has a go' they could have their loyalty card stamped and when they have a full card they could get discounts/free entry into local places of Welsh importance.

Cefnogwch eich papur bro lleol.

Support your local Welsh-language community newspaper.

Cynigiwch fod eich papur bro yn cyhoeddi un syniad o'r llyfr hwn bob mis!

Suggest that your local Welsh-language community newspaper should publish one idea from this book every month!

Byddwch yn gadarnhaol, byddwch yn gynhwysol, tynnwch sylw at ein hanes a'n diwylliant.

Be positive, be inclusive, stress our history and our culture.

Mae angen cyfieithiadau o enwau lleoedd Cymraeg, gyda hanes yr enwau wrth eu hochr. Mae pobl yn fwy tebygol o ddefnyddio enwau Cymraeg a'u hynganu'n gywir os ydynt yn eu deall.

We need translations of Welsh placenames with the history of the placename explained alongside them. People will be more likely to use Welsh names, and pronounce them correctly, if they understand them.

Rhowch bwysau ar y llywodraeth i wneud Dydd Gŵyl Dewi yn ŵyl y banc.

Put pressure on the government to make St David's Day a bank holiday.

Dylai Dydd Gŵyl Dewi fod yr un mor amlwg â Diwrnod Bastille yn Ffrainc, a dylid addurno adeiladau cyhoeddus yn briodol.

St David's Day should be celebrated as prominently as Bastille Day is in France and public buildings should be decorated appropriately.

Beth am drefnu parêd Gŵyl Dewi yn eich pentref neu dref? Byddai'n gyfle gwych i hyrwyddo cynnyrch Cymraeg a Chymreig ac yn hwb i fusnesau bach.

Why not organise a St David's Day parade in your town or village? It would be a great opportunity to promote Welsh produce and a big boost for small businesses.

Rydym yn cysylltu Guinness â Dydd San Padrig ac mae 17 Mawrth yn cael ei ddathlu ym mhedwar ban byd oherwydd pŵer marchnata Guinness. Pam na allwn ni gael bragdy Cymreig fel Brains yng Nghaerdydd i fuddsoddi mewn cynllun proffidiol o'r fath a fyddai hefyd o fudd i hunaniaeth Cymru yn fyd-eang?

Guinness have taken hold of St Patrick's Day and 17 March is celebrated worldwide due to the marketing power of Guinness; why can we not get a Welsh brewery such as Brains in Cardiff to invest in such a profitable scheme that would also benefit Welsh identity across the globe?

Dylai fod rhestr o adeiladau rhestredig yng Nghymru yn seiliedig ar eu harwyddocâd hanesyddol i Gymru yn hytrach na Phrydain.

There should be a register of listed buildings in Wales based on their historical significance to Wales rather than Britain.

Trefnwch giwed gyflym (*flash mob*) i berfformio cân neu gerdd Gymraeg.

Arrange a flash mob to perform a Welsh-language song or poem.

Anogwch deuluoedd i ymweld ag Eisteddfod yr Urdd neu'r Genedlaethol os yw'n dod i'r ardal er mwyn cael blas ar fwrlwm yr iaith yn gymdeithasol, a gweld bod yr iaith yn hwyl.

Encourage families to visit the Urdd Eisteddfod or the National Eisteddfod if it's in the area to get a taste of the language in a social context, and to see that the language can be fun.

Byddwch yn falch o'ch ardal neu eich cymuned.

Be proud of your area or community.

Beth am gynnal cyfarfod wythnosol yn eich cymuned leol, fel cwis ar hanes Cymru?

Why not hold weekly meetings in your local community, such as a Welsh history quiz?

Os ydych yn gweithio mewn llyfrgell, trefnwch ddigwyddiad i rannu hanes Cymreig yr ardal e.e. paratoi cylchlythyr misol ar gyfer aelodau'r gymuned, arddangosfeydd neu gofyn i awduron drafod eu llyfrau.

If you work in a library, organise an event to share the Welsh history of the area, e.g. prepare a monthly newsletter for members of the community, arrange exhibitions or ask authors to discuss their books.

Sefydlwch gymdeithas hanes Gymraeg yn eich pentref.

Establish a Welsh-language history society in your village.

Defnyddiwch eich tafodiaith leol a'i hamddiffyn.

Use and defend your local dialect.

Ystyriwch greu rhestr neu lyfr o eiriau penodol sy'n unigryw i'ch ardal chi.

Consider creating a list or a book of specific words that are unique to your area.

Pwysleisiwch werth y gymuned i fewnfudwyr a phobl leol ar bob cyfle a chloi nosweithiau cymdeithasol trwy ganu'r anthem genedlaethol.

Emphasise the value of the community to incomers and local people at every opportunity, and end social evenings by singing the national anthem.

Dewch i adnabod pobl sydd newydd symud i'r ardal. Galwch heibio i gyflwyno'ch hun fel bod ganddynt gysylltiad â siaradwyr Cymraeg yn syth. Gallwch esbonio mwy am y gymuned Gymreig a'r iaith Gymraeg iddynt wrth i chi ddod yn fwy o ffrindiau.

Get to know incomers at the earliest opportunity. When someone moves to the area, call in and introduce yourself to them so that they have an instant link to a local person who can explain about Wales and the Welsh language to them over a period of time.

Gofynnwch i'r asiant gwerthu tai lleol roi pecyn ar hanes yr ardal a'r iaith i unrhyw un sy'n prynu tŷ yn lleol.

Ask the local estate agent to give a booklet on the history of the area and the language to anyone who buys a house locally.

Mwynhewch wyliau yng Nghymru, a dod i adnabod eich gwlad yn well!

Enjoy holidays in Wales, and get to know your country better!

Cynlluniwch daflen neu gylchlythyr yn nodi hanes Cymru, un a fyddai'n codi ymwybyddiaeth o'r wlad. Beth yw hanes yr anthem genedlaethol? Os ydych chi'n ei chanu, dylech wybod yr hanes y tu ôl iddi.

Create a flyer or newsletter detailing the history of Wales which would raise awareness. What does the national anthem mean? If you sing it, you should know its history.

Cynigiwch wasanaeth cyfieithu am ddim i'r adeiladau cymdeithasol yn eich cymuned – yr ysgol, y capel neu'r dafarn.

Offer a free translation service to public buildings in your community – school, chapel or pub.

Cefnogwch a chynigiwch gymorth i'ch mudiad Ffermwyr Ifanc lleol trwy gyfieithu hysbysebion digwyddiadau sy'n cael eu cynnal yn y cymunedau gwledig.

Support and offer help to the local Young Farmers by translating adverts for events that are held in rural communities.

Beth am drefnu rhwydwaith o ganolfannau drwy Gymru – hyd at 12 (boed yn glybiau rygbi, tafarndai neu ganolfannau cymdeithasol) sy'n cynnig nosweithiau neu gigs Cymraeg bob mis?

Organise a network of Welsh centres throughout Wales – up to 12 (rugby clubs, pubs or community centres) that hold Welsh-language nights and gigs every month.

Dechreuwch grŵp theatr i ddysgwyr.

Start a theatre group for learners.

Sefydlwch glybiau chwaraeon trwy gyfrwng y Gymraeg.

Establish Welsh-language sports clubs.

Agorwch glwb ieuenctid Cymraeg yn eich cymuned os nad oes un yn bodoli yno eisoes.

Establish a Welsh-language youth club in your community if none currently exist.

Trefnwch wersi Cymraeg yn eich pentref.

Organise Welsh lessons in your village.

Cynigiwch ddysgu Cymraeg am ddim i aelodau o'ch cymuned.

Offer to teach Welsh to members of your community for free.

Cynigiwch gwrs 'Introduction to Welsh' i rai sy'n hollol newydd i'r iaith. Byddai dim ond dwy awr y dydd am wythnos yn cynyddu diddordeb yn yr iaith. Dysgwch bobl sut i ynganu enwau lleol a sbarduno sawl un i symud ymlaen i astudio Cymraeg, yn ogystal â chael llawer o hwyl.

Offer an 'Introduction to Welsh' course to those who are completely new to the language. Just two hours a day for a week would increase their interest in the language. Teach people how to pronounce local names and motivate many of them to go on to study Welsh, as well as having a lot of fun.

Byddwch o blaid rhoi cymhorthdal ar gyfer dosbarthiadau Cymraeg am ddim i bob oedolyn yng Nghymru.

Be in favour of subsidising free Welsh classes for all adults in Wales.

Os ydych yn rhan o unrhyw gymdeithasau Cymraeg, gwnewch fwy o ymdrech i wahodd dysgwyr i ddigwyddiadau.

If you are part of any Welsh-language societies, make more of an effort to invite learners to events.

Beth am greu grwpiau 'caffi iaith' lle gallai aelodau o'r gymuned ddysgu ieithoedd ar lafar i'w gilydd mewn ffordd anffurfiol?

Create 'language cafe' groups where members of the community can teach each other languages verbally in an informal setting.

Os ydych yn ddigon ffodus i gael swydd uchel yn y gymuned, defnyddiwch eich statws er lles y Gymraeg. Peidiwch ag anghofio pwy ydych chi.

If you are fortunate enough to hold a high-level job in the community, use your status to benefit the Welsh language. Don't forget who you are.

Gofynnwch wrth eich cynghorydd, AS neu AC beth yw ei f/barn am y Gymraeg – maen nhw i fod i'n cynrychioli ni i gyd, ond ydyn nhw?

Ask for your councillor, MP or AM's opinion on the Welsh language – they are meant to represent us all, but do they?

Cefnogwch eich menter iaith leol.

Support your local Welsh language initiative.

 Ysgrifennwch at Undeb Rygbi Cymru a gofyn iddyn nhw gyfnewid y tair pluen ar grys rygbi Cymru am y ddraig goch.

Write to the Welsh Rugby Union asking them to exchange the three feathers on the Welsh shirt for a red dragon.

Rhowch bwysau ar eich awdurdod lleol i gynnig mwy o weithgareddau chwarae a hamdden trwy gyfrwng y Gymraeg. Os ydynt ar gael yn Saesneg yna dylent fod ar gael yn Gymraeg hefyd.

Put pressure on your local authority to offer more play and leisure activities through the medium of Welsh. If they are available in English then they should be available in Welsh too.

Cysylltwch â'ch awdurdod lleol i ofyn iddynt sicrhau eu bod yn cynllunio ymlaen llaw yn effeithiol ar gyfer ehangu'r ddarpariaeth gymdeithasol cyfrwng Cymraeg.

Contact your local authority to ask them to ensure that they plan ahead effectively to expand social provision through the medium of Welsh.

Anogwch fuddsoddiad a thai fforddiadwy, ac uwchlaw popeth, swyddi. Heb swyddi bydd siaradwyr Cymraeg yn symud a bydd hyn yn tanseilio'r cadarnleoedd Cymraeg ymhellach.

Encourage investment and affordable housing. Above all, jobs. Without jobs, Welsh speakers will move and undermine the language's strongholds even further.

Mae angen sefydlu nifer o fentrau cydweithredol Cymraeg i rannu amrywiaeth o adnoddau er mwyn sicrhau bod pobl yn aros yn eu cymunedau.

We need to establish a number of Welsh-language cooperatives to share a variety of resources in order to ensure that people stay in their communities.

Er mwyn darganfod pa wasanaethau sydd ar gael yn Gymraeg ewch i:

In order to find out what services are available in Welsh please go to:

www.cyswllt.org.uk

www.cymorth.com

Yn yr ysgol a byd addysg
At school and in education

Cefnogwch yr iaith drwy gefnogi eich ysgol leol a bod yn rhan weithgar ohoni.

Support the language by supporting your local school and being an active part of it.

Anfonwch eich plant i ysgol Gymraeg.

Send your children to a Welsh-medium school.

Gofynnwch i athrawon eich ysgol leol roi gwaith cartref yn ymwneud ag S4C i'r plant er mwyn annog teuluoedd di-Gymraeg i wylio'r sianel.

Ask the teachers at your local school to give the children homework relating to S4C to encourage non-Welsh-speaking families to watch the channel.

Cynigiwch i'ch ysgol eu bod nhw'n adrodd yr anthem genedlaethol bob bore e.e. yn y gwasanaeth neu amser cofrestru.

Suggest that your school recites the national anthem every morning e.g. in the assembly or at registration time.

Cynigiwch i'ch ysgol eu bod yn gwobrwyo'r dosbarthiadau gorau am ddefnyddio'r Gymraeg tu allan i'r gwersi e.e. gyda thrip i'r pwll nofio lleol.

Suggest to your school that they reward the classes that make the most effort to use Welsh outside lessons e.g. with a trip to the local swimming pool.

Cynigiwch i'ch ysgol bod y disgyblion yn dysgu'r wyddor yn y Gymraeg, boed hynny mewn ysgol cyfrwng Cymraeg, Saesneg neu ddwyieithog.

Suggest to your school that the pupils be taught the Welsh alphabet – whether it's a Welsh, English or bilingual school.

Ysgrifennwch at eich AC i godi unrhyw faterion ynghylch addysg cyfrwng Cymraeg sy'n eich poeni.

Write to your AM to raise any matters relating to Welsh-medium education that cause concern to you.

Dywedwch wrth eich ysgol, yn arbennig os yw hi'n ysgol Gymraeg, sicrhau bod Siôn Corn yn gallu siarad Cymraeg!

Tell your school, especially if it's a Welsh-medium school, to ensure that Father Christmas is a Welsh speaker!

Sicrhewch fod disgos ysgol yn uniaith Gymraeg gyda recordiau a bandiau byw Cymraeg.

Ensure that school discos are held in Welsh, with Welsh records and live bands.

Cysylltwch â'ch ysgol leol ac awgrymu iddi gynnal cystadlaethau fel dylunio cardiau Nadolig/posteri Cymraeg.

Contact your local school and suggest that they hold competitions such as designing Welsh Christmas cards/posters.

Dylid annog pobl fusnes sy'n siarad Cymraeg i ddod i ysgolion i esbonio sut mae'r Gymraeg wedi eu helpu. Os ydych yn berchennog busnes sy'n siarad Cymraeg, dylech gynnig mynd i ysgolion i siarad gyda'r plant am gynnal a gweithredu busnes dwyieithog llwyddiannus a'r manteision a ddaw gyda hynny.

Welsh-speaking business people should be encouraged to come into schools to explain how knowledge of Welsh has helped them. If you're a Welsh-speaking business owner, offer to go to schools to speak to the children about operating a successful bilingual business and the benefits it brings.

Cofiwch atgoffa'r pennaeth yn aml eich bod wedi anfon eich plant i ysgol Gymraeg er mwyn iddynt gael clywed y Gymraeg drwy gydol y dydd, nid dim ond mewn gwersi.

Remind the headmaster/mistress frequently that you have sent your children to a Welsh-medium school so that they hear Welsh throughout the day, not in the lessons only.

Trefnwch weithgareddau Cymraeg y tu allan i oriau ysgol a hysbysebu'r gweithgareddau hynny yn yr ysgol.

Organise Welsh-language activities outside school hours and promote those activities in the school.

Anogwch yr ysgol i gydweithio â'r Urdd er mwyn trefnu mwy o nosweithiau lle gall pawb siarad Cymraeg y tu allan i oriau ysgol.

Encourage your local school to work with the Urdd to arrange more activities where everyone can speak Welsh outside school hours.

Rhaid i'n hysgolion sicrhau bod cydwybod a diwylliant Cymraeg yn treiddio i fywydau eu disgyblion. Mae pethau bychain fel darllen a mwynhau chwedlau'r Mabinogi yn ddylanwadol.

Our schools must ensure that Welsh consciousness and culture are ingrained in the lives of their pupils. Small things like reading some of the Mabinogi fables go a long way.

Awgrymwch ddiwrnodau thema mewn ysgolion – mwy nag Eisteddfod a Dydd Gŵyl Dewi e.e. canolbwyntio bob mis ar Gymro/ Cymraes sydd â chysylltiadau â'r mis hwnnw.

Suggest Welsh theme days in schools – more than the Eisteddfod and St David's Day e.g. each month the focus could be on a different Welsh person with links to that month.

Anfonwch eich plant i wersylloedd yr Urdd Llangrannog a Glan-llyn.

Send your children to the Urdd residential centres at Llangrannog and Glan-llyn.

Wrth baratoi rhestr lyfrau ar gyfer y plant, paratowch restr o wefannau da Cymraeg/Cymreig, gan gynnwys rhai gyda cherddoriaeth gyfoes Gymraeg.

While preparing a list of books for children, prepare a list of good Welsh websites, including those with contemporary Welsh music.

Gofynnwch i'r ysgol baru rhieni Saesneg eu hiaith â rhai Cymraeg i'w helpu gyda'r iaith, gan helpu eu plant â'u haddysg.

Ask the school to pair English-speaking parents with Welsh-speaking ones to help them with the language, thereby helping their children with their education.

Os ydych yn rhiant neu'n fam-gu/tad-cu sy'n siarad Cymraeg, ystyriwch ddysgu Cymraeg i rieni Saesneg eu hiaith yn eich ysgol yn eich amser rhydd.

If you are a Welsh-speaking parent or grandparent, consider teaching Welsh to English-speaking parents at your school in your spare time.

Os ydych yn dysgu Cymraeg, gofynnwch i'ch tiwtor ystyried eich rhoi ar leoliad gyda sefydliadau Cymraeg lleol fel y gallwch ymarfer eich Cymraeg y tu hwnt i'r gwersi.

If you are a Welsh learner, ask your tutor to consider putting you on a placement with local Welsh-language organisations so that you can practise your Welsh outside the lessons.

Os yw eich plant yn mynychu ysgolion Cymraeg, sicrhewch y cânt gyfleoedd cymdeithasol yn Gymraeg e.e. gwersi nofio Cymraeg/ dwyieithog, yr Urdd, gwersi cerddoriaeth, dosbarthiadau dawnsio, ymweld â'r meddyg neu ddeintydd, torri gwallt.

If your children attend Welsh-medium schools, ensure that they have social opportunities through the medium of Welsh too e.g. swimming lessons in Welsh/bilingual, the Urdd, music lessons, dance classes, visiting the doctor or dentist, having a haircut.

Anogwch eich plant i ddefnyddio'u Cymraeg mewn pob math o sefyllfaoedd y tu allan i'r ysgol.

Encourage your children to use their Welsh in all sorts of different situations outside the school.

Anogwch y syniad o gyflwyno cwpan neu dlws 'Gwnewch y Pethau Bychain' yn yr ysgol i'r plentyn sydd wedi ymdrechu fwyaf i godi ymwybyddiaeth cyd-ddisgyblion o'r Gymraeg a Chymreictod yn ystod y flwyddyn.

Establish a 'Do the Little Things' trophy in the school, to be presented to the child who has made the most effort to raise awareness of the language and what it means to be Welsh to his or her fellow pupils during the year.

Yn y gwersi, canolbwyntiwch ar ddiwylliant Cymru, a'r hyn y mae'n ei olygu i fod yn Gymry.

In lessons, focus on the culture of Wales and what it means to be Welsh.

Dywedwch wrth blant sy'n mynd i ysgol Gymraeg ond ddim yn barod i siarad Cymraeg nad ydych yn deall Saesneg! Mae'n syndod pa mor gyflym y byddan nhw'n siarad Cymraeg er mwyn esbonio'u pwynt wedi hynny.

Tell children who attend a Welsh-medium school but are unwilling to speak Welsh that you can't speak English! It's surprising how quickly they will turn to Welsh to express their point.

Rhowch wybod i rieni faint o Gymraeg mae plant yn ei ddefnyddio yn yr ysgol, ac awgrymwch ddulliau dysgu yn y cartref, fel www.saysomethinginwelsh.com.

Make parents aware of how much Welsh the children use in school and suggest methods of learning at home, such as www.saysomethinginwelsh.com.

Beth am ddod â Mr Urdd neu griw Ti a Fi i ysgol Saesneg?

How about bringing Mr Urdd or the Ti a Fi crew to an English-medium school?

Os ydych yn y byd addysg, dysgwch y plant a'r dysgwyr hŷn am Gymreictod, nid dim ond y Gymraeg. Mae angen i fwy o bobl ddeall hanes a gwerth y genedl, nid dim ond dweud 'Shwmae/Su'mae'.

If you work in education, teach the children and older learners about Welshness, not just the Welsh language. More people need to understand the history and value of the nation, not just to say 'Shwmae/Su'mae'.

Addysg Gymraeg i blant oedd y chwyldro a newidiodd ragolygon yr iaith. Mae'r heriau newydd yn ymwneud â chefnogi teuluoedd nad ydynt yn siarad Cymraeg gartref i ddysgu Cymraeg hefyd. Os gallwch chi gynnig neu drefnu helpu, ewch ati i wneud!

Welsh-medium education for children was the revolution which transformed the language's prospects. The new challenges involve providing support to families who don't speak Welsh at home to learn Welsh too. If you're in a position to offer or organise such support, please do so!

Partnerwch blant hŷn sy'n siarad Cymraeg gyda rhai di-Gymraeg iau fel cynllun mentora dros gyfnod o amser.

Partner older Welsh-speaking children with younger non-Welsh-speaking children for a period of time through a mentoring scheme.

Gofynnwch am gyflwyno rhagor o gymwysterau trwy gyfrwng y Gymraeg, yn enwedig mewn addysg uwch a cholegau addysg bellach e.e. nid yw cymhwyster ECDL (Trwydded Yrru Gyfrifiadurol Ewropeaidd) ar gael yn Gymraeg.

Ask for more qualifications to be available through the medium of Welsh, especially in higher education and in further education colleges e.g. the ECDL (European Computer Driving Licence) qualification isn't available in Welsh.

Dysgu Cymraeg fel iaith gyntaf ynghyd â Saesneg fyddai'r syniad gorau posibl. Ar hyn o bryd mae digwyddiadau/clybiau Cymraeg yn cael eu cynnal mewn ysgolion Cymraeg yn unig. Beth am wneud rhywbeth yn yr ysgolion Saesneg fel bod y plant yn cael cyfle go iawn i ddefnyddio'r Gymraeg y tu allan i'r ystafell ddosbarth?

Teaching Welsh as a first language alongside English would be the best idea you could put forward. Currently, Welsh-medium events/clubs are only held at Welsh-medium schools. How about doing something in English-medium schools so that the children have a real opportunity to use Welsh outside the classroom?

Cynigiwch i'ch ysgol eu bod yn trefnu tripiau ysgol i bentrefi/trefi lle mae'r Gymraeg yn cael ei defnyddio'n naturiol e.e. Llambed. Mae'n bwysig i blant sylweddoli nad iaith addysg yn unig yw'r Gymraeg.

Suggest that your school should organise school trips to villages/towns where Welsh is used naturally e.g. Lampeter. It is important for children to realise that Welsh isn't just a language of education.

Dysgwch bob plentyn bod yr iaith Gymraeg yn berchen i ni gyd, boed ni'n siarad Cymraeg ai peidio.

Teach every child that the Welsh language belongs to us all, whether we are Welsh-speaking or not.

Gwnewch yn siŵr bod y Gymraeg yn hwyl, ac nid yn gyfrwng addysgol yn unig.

Ensure that Welsh is fun, and not an educational medium only.

Defnyddiwch y Gymraeg bob dydd e.e. wrth hyfforddi chwaraeon a chynnal digwyddiadau cymdeithasol.

Use Welsh every day e.g. in sports training and when holding social events.

Anogwch blant mewn ysgolion Saesneg i ynganu enwau llefydd yn eu hardal yn gywir e.e. Llanedeyrn, Pentwyn, Maelfa ac ati.

Encourage children in English-medium schools to pronounce local placenames correctly e.g. Llanedeyrn, Pentwyn, Maelfa etc.

Gwyliwch raglenni teledu Cymraeg mewn gwersi neu amser chwarae pan mae'n bwrw glaw i hybu plant i wylio teledu Cymraeg gartref a gwneud hynny'n benderfyniad naturiol iddyn nhw.

Watch Welsh-language television programmes in lessons or during break time when it's raining to encourage children to watch Welsh-language television at home and make it a more natural choice for them.

Pwyswch am ddiwygio'r ffordd y dysgir y Gymraeg mewn ysgolion cyfrwng Saesneg er mwyn sicrhau bod gan bob person ifanc y gallu, yr awydd, yr hyder a'r cyfle i ddefnyddio ymadroddion Cymraeg elfennol y tu allan i'r dosbarth.

Seek to change the way in which Welsh is taught in English-medium schools to ensure that all young people have the ability, the desire, the confidence and the opportunity to use simple Welsh phrases outside the classroom.

Trefnwch brofiad gwaith mewn lleoliadau gwaith dwyieithog sydd â chyflogwyr sy'n pwysleisio pwysigrwydd y Gymraeg fel sgìl cyflogadwyedd, h.y. 'Byddwn yn bendant yn fwy tebygol o gyflogi person sy'n gallu siarad Cymraeg ar draul rhywun di-Gymraeg, gan fod gennym ganran uchel o gleientiaid sydd eisiau defnyddio ein gwasanaeth drwy gyfrwng y Gymraeg.'

Organise work experience in bilingual workplaces with employers who emphasise the importance of Welsh as an employability skill, i.e. 'I would definitely be more likely to employ a Welsh speaker over someone who can't speak Welsh as we have a high percentage of clients who wish to use our services in Welsh.'

Mae angen rhoi llawer mwy o sylw ym meysydd dysgu/gofal sylfaenol i gaffael iaith, h.y. dealltwriaeth gan siaradwyr Cymraeg o sut i ddelio â dwyieithrwydd cynnar. Hefyd mae angen i'r gweithlu yn y maes hwn wybod sut i drosglwyddo'r wybodaeth hon i rieni newydd.

Much more attention needs to be given to language acquisition in teaching/primary care, i.e. Welsh speakers having an understanding of early bilingualism and how to deal with it. Also, the workforce in this field must know how to convey this information to new parents.

Mae angen dysgu disgyblion am fanteision helaeth dwyieithrwydd, o wella eu cyflogadwyedd i well iechyd meddwl.

We need to teach pupils about the benefits of bilingualism across a broad spectrum, from improving employability to better mental health.

Awgrymwch y dylid cael pencampwyr iaith Gymraeg ym mhob blwyddyn ysgol i hyrwyddo popeth Cymraeg a Chymreig.

Suggest having Welsh language champions in each school year to actively promote all things Welsh.

Os ydych yn llywodraethwr, sicrhewch fod staff atodol mewn ysgolion (staff y gegin, gofalwyr ac ati) yn gallu siarad Cymraeg a gwnewch nhw'n ymwybodol bod rheidrwydd arnynt i siarad Cymraeg bob dydd wrth ymwneud â'r plant.

If you are a governor, ensure that auxiliary staff in schools (kitchen staff, janitor etc) can speak Welsh and make them aware of the fact that they must speak Welsh every day with the children.

Beth am greu llyfryn neu restr o gyfarchion/brawddegau Cymraeg syml y gall pawb yn yr ysgol eu defnyddio'n achlysurol neu pan fydd angen?

Create a booklet or a list of Welsh-language greetings/simple sentences that everyone in the school can use occasionally or when needed.

Gwnewch ymdrech arbennig ar Ddydd Gŵyl Dewi i gael y plant i sylweddoli pa mor arbennig ydyw.
Make a concerted effort on St David's Day to make the children realise how special it is.

Gofynnwch neu cynigiwch roi cymorth i'r ysgol gynnal digwyddiadau allgyrsiol sy'n cyrraedd y gymuned gyfan, gan ddod â'r gymuned ynghyd i werthfawrogi'r iaith.
Ask or help your school to hold extracurricular events that reach out to the whole community, bringing the community together to appreciate the language.

Beth am roi gwahoddiad i'r ysgol i bobl lwyddiannus sydd wedi dysgu Cymraeg fel y gallant siarad am eu profiadau ac ysbrydoli'r plant?
Invite successful people who have learnt Welsh to the school to talk about their experiences and to inspire the children.

Anogwch blant i wisgo masgiau wrth ddefnyddio sgiliau siarad newydd – byddan nhw'n llai hunanymwybodol wrth 'roi cynnig arni'.
Encourage children to wear masks when learning new speaking skills – they'll be less self-conscious when 'having a go'.

Modelwch a dangos penawdau/patrymau brawddegau Cymraeg yn yr ardaloedd chwarae rôl.
Model and display Welsh captions/sentence patterns in role-play areas.

Os bydd plentyn neu oedolyn sy'n ddysgwr yn gwneud ymdrech i siarad Cymraeg, peidiwch â'i feirniadu na'i gywiro os ydych yn deall beth mae'n ceisio'i ddweud.

If a child or an adult learner makes an effort to speak the language, don't criticise their efforts or correct them if you understand what they're trying to say.

Gwerthfawrogwch ymdrechion pob dysgwr a chofiwch fod dyfodol yr iaith yn dibynnu i raddau helaeth arnynt.

Appreciate the efforts of all learners and remember that the future of the Welsh language depends to a great degree on them.

Anogwch griw o ddisgyblion mwy galluog i ddechrau sgyrsiau yn Gymraeg yn ystod amser egwyl.

Encourage a group of more able pupils to begin conversations in Welsh during break times.

Beth am gael math o addysg ddinesig i blant mewn ysgolion gyda hanes, cyfreithiau, pobl enwog, cyflawniadau, llefydd o ddiddordeb a phethau diddorol Cymru i ennyn ymdeimlad o falchder yn ein gwlad?

Introduce a kind of civic education for children in schools where they are taught Welsh history, laws, famous people and achievements, sights and objects of interest in order to gain a sense of pride in our country.

Sicrhewch fod eich ysgol leol yn dysgu'r plant am hanes Owain Glyndŵr a Llywelyn, brwydr yr iaith a Brad y Llyfrau Gleision cyn dysgu am Harri VIII.

Ensure that your local school teaches children about Owain Glyndŵr and Llywelyn, the battle for the language and the Treachery of the Blue Books before learning about Henry VIII.

Dylid dysgu 'Hen Wlad Fy Nhadau' ym mhob ysgol yng Nghymru, a chael y disgyblion i ynganu'r geiriau'n gywir.

'Hen Wlad Fy Nhadau' should be taught in every school in Wales, and the pupils taught to pronounce the words correctly.

Os ydych yn dysgu yn un o ysgolion Cymru, ceisiwch wneud mwy i hyrwyddo'r Gymraeg a Chymreictod ymysg eich disgyblion.

If you teach in a Welsh-medium school, go the extra mile to promote the Welsh language and Welshness among the pupils.

Dylid annog athrawon mewn ysgolion Cymraeg i drydar a siarad yn Gymraeg y tu allan i oriau ysgol.

Teachers in Welsh-medium schools should be encouraged to tweet in Welsh and speak Welsh outside school hours.

Crëwch ffilm i hyrwyddo'r Gymraeg yn yr ysgol – rhywbeth y gallai pob plentyn fod yn rhan ohono ac yn falch ohono e.e. 'Beth yw'r Gymraeg i fi?'

Create a film to promote Welsh in the school, something that every child can be part of and proud of e.g. 'What is the Welsh language to me?'

Cynhaliwch drafodaeth neu gystadleuaeth siarad cyhoeddus ar y thema 'Pam mae siarad Cymraeg yn bwysig?'

Hold a discussion or public-speaking competition on 'Why speaking Welsh is important'.

Trefnwch weithgareddau yn y gymuned er mwyn i bobl ifanc ddefnyddio'r iaith.

Organise community activities where young people can use the language.

Cysylltwch ag S4C a gofyn iddynt greu mwy o raglenni teledu addysgiadol i blant a phobl ifanc.

Contact S4C asking them to create more educational television programmes for children and young people.

Ysgrifennwch lyfrau sy'n addas i blant sy'n cael trafferth gyda'r Gymraeg. Mae angen mwy o lyfrau fel y gyfres Stori Sydyn i oedolion.

Write books that are suitable for children who struggle with Welsh. We need more books like the Stori Sydyn series for adults.

Ysgrifennwch at eich awdurdod addysg lleol i ofyn iddynt wella'r ddarpariaeth Gymraeg mewn addysg ôl-orfodol.

Write to your local education authority to ask them to improve the Welsh-language provision in post-compulsory education.

Gwnewch gais i Lywodraeth Cymru i godi baner Cymru ym mhob ysgol yng Nghymru er mwyn i blant a phobl ifanc ymfalchïo ynddi.

Ask the Welsh Government to raise the Welsh flag in every school in Wales so that children and young people take pride in our country's flag.

Rhowch hen deganau a llyfrau Cymraeg yr ysgol i ganolfannau chwarae meddal poblogaidd, llyfrgelloedd, neuaddau cymunedol ac ati fel y gall pobl eraill fwynhau'r iaith.

Give the school's old Welsh-language toys and books to popular soft play centres, libraries, community halls etc so that others can enjoy the language.

Byddwch yn falch o ddwyieithrwydd yn eich ysgol, a rhowch wybod i bawb eich bod yn byw mewn gwlad ddwyieithog ar bob cyfle posibl.
Embrace bilingualism at your school, and promote the fact that you live in a bilingual country to everyone you know and at every given opportunity.

Helpwch i drefnu ffair yrfaoedd yn eich ysgol uwchradd er mwyn codi ymwybyddiaeth plant a phobl ifanc o'r mathau o swyddi sydd ar gael iddynt os ydynt yn siarad Cymraeg.
Help to arrange a careers fair at your secondary school to raise children and young people's awareness of the types of jobs available to them as Welsh speakers.

Helpwch i gynyddu'r defnydd o'r Gymraeg mewn ysgolion Saesneg.
Help to increase the use of Welsh in English-medium schools.

Gyda dysgwyr, beth am gael gair neu ymadrodd Cymraeg bob mis yn hytrach nag unwaith yr wythnos? Gall hynny fod yn ormod i bobl. Gallai un y mis aros yn y cof a gwella geirfa dros gyfnod hir o amser, a gallech ddangos posteri â'r gair arnynt.
With Welsh learners, have a new Welsh word or phrase every month rather than once a week, which can be too much for people. One a month might really stick and increase vocabulary over a long period of time, and it would allow for posters to be displayed with the word on them.

Anogwch eich disgyblion i gynnig am ysgoloriaeth gyda'r Coleg Cymraeg Cenedlaethol.

Encourage your pupils to apply for a scholarship with the Coleg Cymraeg Cenedlaethol.

Gofynnwch i'r Llywodraeth gyflogi swyddogion addysg i ymweld ag ysgolion i helpu hyrwyddo Cymraeg achlysurol ymhlith staff a disgyblion.

Ask the Government to employ education officers to visit schools to help promote occasional Welsh to both staff and pupils.

Helpwch y swyddfa yrfaoedd leol i annog pobl ifanc i ddilyn cyrsiau mewn meysydd lle mae prinder siaradwyr Cymraeg e.e. y maes iechyd.

Help the local careers office to encourage young people to follow courses in fields where there is a lack of Welsh speakers e.g. health.

Dywedwch wrth y Gweinidog Addysg y dylid cynnwys hanes Cymru a'r Gymraeg ar y cwricwlwm cynradd.

Tell the Minister for Education to include Welsh history and the history of the language in the primary curriculum.

Ysgrifennwch at S4C i ofyn iddynt gyfrannu tuag at gryfhau'r sîn roc Gymraeg er mwyn dylanwadu ar bobl ifanc. Roedd rhaglenni fel *Fideo 9* yn gwneud gwahaniaeth mawr i ddelwedd yr iaith.

Write to S4C asking them to support the Welsh rock scene in order to strengthen it, which will have an influence on young people. Programmes such as *Fideo 9* made a great difference to the language's image.

Dywedwch wrth eich Aelod Cynulliad lleol y dylai fod gan bob cymuned yng Nghymru ysgol Gymraeg.

Tell your local Assembly Member that all communities in Wales should have a Welsh-medium school.

Rhowch bwysau ar eich awdurdod addysg lleol i gynllunio ymlaen llaw ar gyfer y twf mewn addysg Gymraeg.

Put pressure on your local education authority to plan ahead for the growth in Welsh-medium education.

Os ydych yn chwarae offeryn cerdd yn yr ysgol, dechreuwch fand Cymraeg.

If you play a musical instrument at school, start a Welsh-language band.

Trefnwch glwb, fel clwb yr Urdd, yn cynnig gêmau a gweithgareddau eraill gan ddefnyddio a gwobrwyo Cymraeg achlysurol.

Run an Urdd-style club offering games and other activities, using and rewarding occasional Welsh.

Manteisiwch ar lwyddiant Cymry ym myd chwaraeon – mae hyn hefyd yn cynyddu cyflawniad bechgyn a merched drwy amryw o weithgareddau.

Tack onto the success of Welsh sportsmen/women – this also raises boys' and girls' attainment through various activities.

Cynhaliwch Eisteddfod. Hefyd, ewch â'r disgyblion i Eisteddfod yr Urdd!

Hold an Eisteddfod. Take the pupils to the Urdd Eisteddfod too!

Canwch emyn Cymraeg y mae pawb yn yr ysgol yn ei adnabod wrth gydaddoli, ac adroddwch weddi ddyddiol yn Gymraeg.

Sing a Welsh hymn that the whole school knows during school assembly, and recite a daily prayer in Welsh.

Gofynnwch am i'r Gymraeg gael yr un statws ag ESOL (Saesneg i Siaradwyr Ieithoedd Eraill), sef fod yna led orfodaeth ar fewnfudwyr yng Nghymru i ddysgu Cymraeg. Mae'r cyrsiau am ddim am y flwyddyn gyntaf gydag arholiad ar y diwedd. Dyna'r drefn yn yr Iseldiroedd.

Ask for Welsh to be given the same status as ESOL (English for Speakers of Other Languages), so that it is generally required for incomers to Wales to learn Welsh. Free one-year courses are available with an exam at the end. This is what happens in the Netherlands.

Gofynnwch i Lywodraeth Cymru roi'r hawl i gyrff llywodraethol ysgolion cynradd ac uwchradd cyfrwng Saesneg gynnal refferendwm ymysg eu rhieni bob pum mlynedd i ofyn a ydynt yn dymuno troi'r ysgol yn un cyfrwng Cymraeg/dwyieithog.

Ask the Welsh Government to give the governing bodies of primary and secondary English-medium schools the right to hold a referendum among the parents every five years to ask whether they wish to turn the school into a Welsh/bilingual one.

Anogwch eich awdurdod lleol i fabwysiadu rhywbeth tebyg i Siarter Iaith Gymraeg Cyngor Gwynedd i ysgolion.

Encourage your local authority to adopt something similar to Cyngor Gwynedd's schools' Welsh Language Charter.

Yn y gweithle a byd busnes
In the workplace and in business

Hyrwyddwch y Gymraeg yn y gweithle ym mhob ffordd bosibl.
Promote the Welsh language in the workplace wherever possible.

Sicrhewch fod pob aelod o staff sy'n siarad Cymraeg yn deall pam mae darparu gwasanaethau Cymraeg/dwyieithog mor bwysig.
Ensure that every staff member who speaks Welsh understands why Welsh-language/bilingual services are so important.

Anogwch bobl sydd am siarad Cymraeg yn y gweithle i wneud hynny.
Encourage people who wish to speak Welsh in the workplace to do so.

Os ydych chi'n siarad Cymraeg, gwisgwch fathodyn neu gadwyn Iaith Gwaith sydd ar gael gan Gomisiynydd y Gymraeg. Bydd cyflogwyr hefyd yn gwerthfawrogi'r ffaith eich bod yn gallu siarad Cymraeg.

If you speak Welsh, wear a 'Iaith Gwaith' (Working Welsh) badge or lanyard available from the Welsh Language Commissioner. Employers will also value your ability to speak Welsh.

Dilynwch esiampl yr NHS a NatWest a gwnïo'r logo 'Iaith Gwaith' i'ch dillad. Mae perygl bod pobl yn eu tynnu i ffwrdd wrth olchi dillad neu'n eu colli. Os ydynt wedi'u gwnïo ar ddilledyn yna maen nhw wastad yno i bawb gael eu gweld.

Follow the example of the NHS and NatWest by sewing the 'Iaith Gwaith' (Working Welsh) logo on to your clothes. People might take them off to wash clothes and lose them. If they have been sewn on they'll always be there to be seen by everyone.

Atebwch y ffôn yn ddwyieithog.

Answer the phone bilingually.

Anogwch bobl eraill i ddweud 'bore da' a 'diolch' yn Gymraeg dros y ffôn. Mae hyn eisoes yn cael ei annog ond mae angen atgoffa pobl!

Encourage people to say 'bore da' for 'good morning' and 'diolch' for 'thank you' on the telephone. This is already being promoted but people need reminding!

Bore da
Good morning

Diolch
Thank you

Sicrhewch fod eich cardiau busnes yn Gymraeg.

Ensure that your business cards are in Welsh.

Dechreuwch bob e-bost gyda 'Bore da, good morning' neu 'Prynhawn da, good afternoon'.

Start every e-mail with 'Bore da, good morning' or 'Prynhawn da, good afternoon'.

Cyfarchwch eich holl gyd-weithwyr yn ddwyieithog, boed nhw'n siarad Cymraeg ai peidio.

Greet all your colleagues bilingually, whether they speak Welsh or not.

Gwnewch yn siŵr fod y posteri yn eich gweithle yn ddwyieithog.

Ensure that the posters at your workplace are bilingual.

Gwnewch yn siŵr fod eich ymatebion 'Ni fyddaf yn y swyddfa...' yn Gymraeg a Saesneg.

Ensure that your out-of-office replies are in both Welsh and English.

Gwnewch yn siŵr fod eich arbedwr sgrîn yn y gwaith yn ddwyieithog.

Make sure that your screensaver at work is bilingual.

Gwnewch yn siŵr fod pob neges sy'n cael ei recordio, pob llythyr a phob llofnod e-bost yn ddwyieithog.

Ensure that all recorded messages, letters and e-mail signatures are bilingual.

Mae angen annog pobl nad ydynt yn siarad Cymraeg trwy ddefnyddio geiriau Cymraeg mewn negeseuon e-bost e.e. Beth am gynnwys sillafiadau ffonetig o dan y geiriau Cymraeg, er mwyn ymarfer ynganu?

We need to encourage non-Welsh speakers by using Welsh words in e-mails e.g. How about including phonetic spellings under the Welsh words, to exercise pronunciation?

Gofynnwch i'ch rheolwyr ei gwneud hi'n amlwg eu bod yn cefnogi'r iaith ac arwain y ffordd o ran creu awyrgylch dwyieithog yn y gwaith. Anogwch reolwyr i annog eu staff i ddysgu Cymraeg.

Ask your managers to make it obvious that they support the language and to lead the way in creating a more bilingual working atmosphere. Encourage managers to encourage their staff to learn Welsh.

Gofynnwch i'ch cyflogwyr lunio datganiad cadarnhaol i ddangos bod croeso i bawb weithio'n ddwyieithog yn eich gweithle.

Ask your employers to produce a positive statement to demonstrate that working bilingually is welcomed in your place of work.

Perswadiwch eich cwmni neu sefydliad i gynnwys brawddeg fel 'Croesewir gohebiaeth yn y Gymraeg' yn eu neges awtomatig ar waelod pob e-bost.

Persuade your company or organisation to include a statement such as 'We welcome correspondence in Welsh' in the automatic message at the bottom of all e-mails.

Peidiwch byth â phrynu systemau TG nad ydynt yn gallu gweithio'n ddwyieithog.

Never buy an IT system that doesn't have the capacity to work bilingually.

Defnyddiwch feddalwedd Cymraeg fel Cysgeir a Cysill i'ch helpu i weithio'n ddwyieithog.
Use Welsh software such as Cysgeir and Cysill to help you work bilingually.

Gofynnwch am Microsoft Office yn Gymraeg yn eich gweithle.
Ask for the Welsh version of Microsoft Office in your workplace.

Mynnwch fod pob poster sydd yn cael ei osod yn y gweithle yn ddwyieithog, â'r Gymraeg yn gyntaf.
Insist that every poster that is put up in the workplace is bilingual, with the Welsh first.

Os oes gan eich sefydliad Gynllun Iaith, sicrhewch fod adran ynddo ar gyfathrebu mewnol.
If your organisation has a Welsh Language Scheme, ensure that it includes a section on internal communication.

Bob tro y cewch wybodaeth gan eich adran adnoddau dynol, gofynnwch amdani yn Gymraeg.
Every time you receive information from your human resources department, ask for it in Welsh.

Trefnwch neu ofyn am hyfforddiant ymwybyddiaeth iaith yn eich gweithle/sefydliad.
Organise or ask for language awareness training in your workplace/organisation.

Sefydlwch fanc cenedlaethol o ddogfennau dwyieithog electronig er mwyn sicrhau cysondeb a chywirdeb. Gallai unedau cyfieithu Cymru, er enghraifft, lwytho dogfennau dwyieithog i'r banc fel bod y dogfennau ar gael i bawb sydd eu hangen, yn hytrach na dyblygu gwaith.

Create a national corpus of electronic bilingual documents to ensure consistency and accuracy. Translation teams across Wales could upload bilingual documents to the bank, making them available to everyone rather than having to duplicate the work.

Sicrhewch fod eich busnes yn cefnogi 'naws am le', fel bod pawb yn gwybod eu bod nhw yng Nghymru o'r funud y maent yn cyrraedd.

Ensure that your business supports 'a sense of place', so that everyone knows that they are in Wales as soon as they arrive.

Dylai siopau a busnesau mewn ardaloedd lle mae'r Gymraeg ar ei chryfaf gael eu hannog i ddynodi eu hunain yn fusnesau 'Cymraeg yn Gyntaf' a dylent gysylltu â chwsmeriaid neu gleientiaid drwy gyfrwng y Gymraeg yn gyntaf.

Shops and businesses in Welsh-language strongholds should be encouraged to designate themselves as 'Welsh First' businesses, and their first approach to a customer or client should be in Welsh.

Beth am ddefnyddio'r bathodyn oren 'Dwi'n siarad Cymraeg' fel mae gwefan www.tripadvisor.co.uk yn defnyddio eu graddfa sêr e.e. dangos ar ffenest siop fod gwasanaethau Cymraeg ar gael, ac yna o fewn y siop byddai'r unigolion sy'n gallu siarad Cymraeg yn gwisgo bathodyn oren.

Start using the orange 'I speak Welsh' badges as the www.tripadvisor.co.uk website uses star ratings e.g. to display in shop windows that Welsh services are available, and then in the shop the Welsh-speaking members of staff would be wearing an orange badge.

Rhowch gardiau bach maint cerdyn credyd gyda geiriau/dywediadau Cymraeg arnynt yn eich siop, tafarn neu swyddfa. Gallwch roi'r cardiau i gwsmeriaid a'u hannog i ddweud 'Diolch'.

Prepare some small credit-card sized cards with a few Welsh words/phrases on them, and place them in your shop, pub or office. As customers are served they get given a card, and are encouraged to say 'Diolch' in return.

Meddyliwch am air/brawddeg bob wythnos y gall eich tîm ei (d)defnyddio yn ystod yr wythnos honno.

Think of a word/phrase of the week to be used by your team during that week.

Rhowch wobrau ac/neu anogaeth i fusnesau ymgorffori'r Gymraeg.

Introduce awards and/or encouragement to businesses who incorporate the Welsh language.

Dysgwch ambell frawddeg yn Gymraeg i'ch cyd-weithwyr. Rydym wedi cychwyn yr arfer da hwn yn y gwaith ac mae'n syndod faint o Gymraeg mae pobl yn ei gofio wrth ddysgu gair neu frawddeg ar y tro.

Learn a few Welsh sentences. We have started to do this at work and it is surprising to see how much Welsh people pick up by learning a word or a sentence at a time.

Bore da   **Shwmae?**   **Fy enw i yw...**
Good morning   How are you?   My name is...

Beth am i Gaerdydd a dinasoedd eraill yng Nghymru drefnu system dinas gyfan lle gallai busnesau wneud cais am gofrestriad blynyddol i ddefnyddio'r Gymraeg, dyweder ar lefel efydd, arian ac aur (yn seiliedig ar ddefnydd sylfaenol i gwbl ddwyieithog)? Gallai pob busnes dalu swm bach blynyddol a fyddai'n ariannu swyddogion iaith Gymraeg y Cyngor i wirio'r safonau a gwneud dyfarniadau yn unol â hynny. Gellid sefydlu gwefan i restru'r cwmnïau sy'n rhan o'r cynllun. Byddai hyn yn caniatáu i fusnes hysbysebu lefel y Gymraeg a gynigir, gan roi gwybod i'r cwsmer lle mae modd defnyddio'r Gymraeg. Byddai'n annog busnesau bach i wneud gwell defnydd o'r Gymraeg gyda'u cwsmeriaid.

How about Cardiff and other Welsh cities setting up a city-wide system where local businesses could apply for an annual registration for the use of Welsh, say on bronze, silver and gold levels (based on basic use to fully bilingual)? Each business could pay a small annual charge which would fund the Council's Welsh language officers to check the standards and award accordingly, even setting up a website to list the companies participating in the scheme. This would then allow a business to advertise the level of Welsh offered, giving the customers information about where they can use Welsh. It would encourage small businesses to make greater use of Welsh with their customers.

Rhowch wobrau i staff am ddysgu neu fynychu cyrsiau Cymraeg. Tocynnau i ddigwyddiadau Cymreig efallai?

Offer rewards to staff who learn or attend Welsh-language courses. Tickets to Welsh events perhaps?

Gwnewch ymdrech i siarad Cymraeg â siaradwyr Cymraeg eraill yn y gwaith fel bod yr iaith yn cael ei chlywed yn ogystal â'i gweld yn y gweithle.

Make a point of speaking Welsh with other Welsh speakers at work so that the language is heard as well as seen in the workplace.

Cynigiwch helpu cyd-weithwyr nad ydynt yn siarad Cymraeg i
ynganu cyfarchion syml yn gywir.

Offer to help colleagues who don't speak Welsh to pronounce
simple greetings correctly.

Dysgwch eich cyd-weithwyr am gwrteisi ieithyddol sylfaenol,
h.y. ei bod hi'n gwrtais ynganu enw Cymraeg yn gywir a bod
peidio ag ymdrechu i wneud hynny yn gallu cael ei ystyried yn
sarhaus.

Teach your colleagues about basic language courtesy, i.e. that
it is polite to pronounce a Welsh name correctly and that a lack
of effort to do so could be conceived as an insult.

Crëwch gylchlythyr dwyieithog i'ch sefydliad, neu sicrhewch
fod eich cylchlythyr mewnol presennol yn cynnwys un neu fwy
o erthyglau Cymraeg tan ei fod yn hollol ddwyieithog.

Create a bilingual newsletter for your organisation, or ensure
that your current internal newsletter includes at least one or
two Welsh articles until it is completely bilingual.

Beth am gynnal gweithgareddau sy'n hybu'r iaith e.e. Diwrnod
Shwmae/Su'mae, dathliadau Dydd Gŵyl Dewi, Santes Dwynwen,
teithiau allgyrsiol?

Hold activities that promote the language e.g. Shwmae/Su'mae
Day, St David's Day celebrations, St Dwynwen's Day, extracurricular
trips.

Cynigiwch wersi Cymraeg i staff – a thalu amdanynt!

Offer Welsh lessons to staff – and pay for them!

Gosodwch arwyddion o gwmpas y swyddfa ac arnynt ddywediadau Cymraeg cyffredin (a'r cyfieithiad). Rhowch nhw dros waliau a drysau eich swyddfeydd.

Display signs in the office featuring commonly used Welsh phrases (and a translation). Dot them on the walls and doors of your offices.

e-bost   **llungopïwr**   **cof bach**
e-mail   photocopier   memory stick

Gwrandewch ar Radio Cymru neu gryno-ddisgiau Cymraeg a'u rhoi ymlaen yn y cefndir yn eich gweithle.

Listen to Radio Cymru or Welsh CDs and have them on in the background in your workplace.

Gwnewch eich rhan i wneud y Gymraeg yn glywadwy mewn siopau lleol e.e. chwarae caneuon Cymraeg a gwrando ar Radio Cymru neu orsafoedd Cymraeg eraill.

Play your part to make Welsh heard in local shops e.g. play Welsh songs and listen to Radio Cymru or other Welsh-language stations.

Tynnwch sylw at ddigwyddiadau hanesyddol bob mis e.e. ar ddechrau'r mis nodwch ddigwyddiadau hanesyddol a ddigwyddodd yn ystod y mis hwnnw, megis: 16 Medi, diwrnod Owain Glyndŵr – a chynnwys hanes ei gyhoeddi'n Dywysog Cymru.

Arrange a monthly posting of events from history e.g. at the start of the month post any significant entries relating to that month from history, for example: 16 September, Owain Glyndŵr's day – including a brief history of the proclaimed Prince of Wales.

Sicrhewch fod pob swydd lle mae'r Gymraeg yn hanfodol yn cael ei llenwi gan siaradwr Cymraeg.

Ensure that every job that notes the Welsh language as an essential requirement is filled by a Welsh speaker.

Cefnogwch a gweithio gyda busnesau eraill i godi ymwybyddiaeth o'r iaith Gymraeg.

Support and work with other businesses to raise awareness of the Welsh language.

Peidiwch â derbyn MBE.

Don't accept an MBE.

Gweithiwch gyda chwmnïau rhyngwladol i sicrhau bod rhai o'u swyddi yn cynnwys elfen ieithyddol os yw'r swyddi hynny yng Nghymru.

Work with international companies to ensure that some of their jobs include a linguistic element if those jobs are based in Wales.

Cofiwch fod gan bob gweithle cyhoeddus Swyddog Iaith neu Swyddog Cydraddoldeb sydd yno i sicrhau eich bod yn derbyn gwasanaethau Cymraeg.

Remember that every public workplace has a Welsh Language or Equalities Officer to ensure that you receive bilingual services.

Ystyriwch symud staff eich gweithle i sicrhau bod y siaradwyr Cymraeg yn y llefydd gorau er mwyn delio â'r cyhoedd. Mae'n haws hyfforddi siaradwr Cymraeg i ddysgu sgiliau derbynfa nag yw hi i ddarbwyllo derbynnydd anfoddog i ddysgu Cymraeg!

Consider moving staff in your workplace to ensure that Welsh speakers are in the right places to deal with the public. It's easier to train a Welsh speaker to be a receptionist than it is to convince an unwilling receptionist to learn Welsh!

Awgrymwch y dylai sgiliau Cymraeg sylfaenol neu'r ymrwymiad i weithio tuag at gymhwyster Cymraeg gael eu hystyried yn ofynion hanfodol ar gyfer pob swydd yn eich gweithle.

Put forward the idea that having basic Welsh or working towards a qualification in Welsh should be considered an essential requirement for all positions in your workplace.

Dosbarthwch air Cymraeg y dydd i feithrin gwybodaeth pobl am yr iaith Gymraeg.

Circulate a Welsh word of the day to build up people's knowledge of the Welsh language.

Rhowch anogaeth i ddysgwyr Cymraeg drwy drefnu egwyl goffi er mwyn iddynt allu ymarfer yr iaith gyda siaradwyr Cymraeg.

Encourage Welsh learners by organising coffee breaks so they can practise the language with Welsh speakers.

Crëwch gronfa o dermau ar eich mewnrwyd y gall gweithwyr eu defnyddio yn y gwaith o ddydd i ddydd e.e. cyfarchion, negeseuon 'nid wyf yn y swyddfa' dwyieithog, diwrnodau'r wythnos ac ati.

Create a useful terms bank on your intranet that workers can use in their day-to-day work e.g. greetings, bilingual out-of-office messages, days of the week etc.

Sefydlwch grŵp o bobl a all helpu gyda sgiliau cyfathrebu a'u paru ag unrhyw ddysgwyr a hoffai gael help.

Establish a pool of people who can help with communication skills and match them with any learners who would appreciate assistance.

Trefnwch a hysbysebu gweithgareddau yn y gwaith a fyddai o ddiddordeb o safbwynt y Gymraeg.

Arrange and advertise activities at your work that have a specific Welsh interest.

Gwnewch yn siŵr ei bod mor hawdd â phosibl cofrestru ar gyfer cyrsiau Cymraeg yn eich gweithle.

Make courses to learn Welsh as accessible as possible in your workplace.

Byddwch yn amyneddgar gyda dysgwyr Cymraeg yn eich gweithle a chofiwch mai dim ond trwy ymarfer a defnyddio'r iaith yn barhaus y gallant ddod yn ddwyieithog.

Be patient with Welsh learners in your workplace and remember that it's only with practice and constant use of the language that they will become bilingual.

Cefnogwch neu ewch ati i gynnal bore coffi Cymraeg lle mae pawb (sy'n gallu) yn siarad dim ond Cymraeg.

Support and organise a Welsh coffee morning where everyone (who is capable of doing so) only speaks Welsh.

Gwnewch yn siŵr fod adran Gymraeg ar fewnrwyd eich gweithle a'i bod yn cynnwys cysylltiadau defnyddiol, cyrsiau Cymraeg a hysbysiadau am ddigwyddiadau Cymraeg.

Ensure that there's a Welsh-language section on your workplace's intranet site with useful contacts, Welsh courses and signposts to Welsh-language events.

Cynigiwch hyfforddiant Cymraeg am ddim yn y gweithle neu gyrsiau y tu allan i oriau gwaith arferol.

Offer free Welsh-language training in the workplace or courses outside normal working hours.

Hysbysebwch gyrsiau Cymraeg sydd ar gael i gyflogeion a/neu helpwch staff rheng flaen gyda grantiau neu gyllid i ddysgu Cymraeg.

Advertise Welsh-language courses that are available for employees and/or help front-line staff with grants or funding to learn Welsh.

Byddwch yn ddigon hyderus i ddefnyddio dyrnaid o eiriau Cymraeg addas mewn awyrgylch hollol Saesneg. Cyn hir bydd y siaradwyr Saesneg yn derbyn y geiriau Cymraeg fel rhan o'u sgwrs naturiol.

Be confident enough to use a handful of appropriate Welsh words in an entirely English environment. Before long, the English speakers will accept the Welsh words as part of natural conversation.

Os oes gennych gyfeiriadur mewnol gyda manylion staff, sicrhewch fod lle i nodi a ydynt yn siarad Cymraeg. Gallwch wedyn ddarparu gwasanaethau i siaradwyr Cymraeg yn fwy effeithiol.

If you have an internal directory including staff details, ensure that there is space to note whether they speak Welsh. You will then be able to provide services to Welsh speakers more effectively.

Crëwch grŵp 'Cymraeg yn y Gweithle' lle gall dysgwyr a phobl iaith gyntaf ymarfer y Gymraeg gyda'i gilydd.

Create a 'Welsh at Work' group where learners and first language speakers can practise Welsh together.

Heriwch gyflogeion i gynnwys dywediad Cymraeg mewn sgyrsiau Saesneg e.e. 'It's time for a paned o goffi.'

Challenge employees to add a Welsh phrase into conversations when speaking English e.g. 'It's time for a paned o goffi' (cup of coffee).

Mae gan gyfreithwyr gynllun 'Will Aid', pan fyddant yn cynnig eu gwasanaeth am ddim am fis bob blwyddyn. Beth am i ni gynnig ein gwasanaethau Cymraeg am ddim i gwmnïau bach?

Lawyers take part in Will Aid, whereby they offer their services free of charge during one month of the year. How about we offer our Welsh-language services free to smaller companies?

Cofiwch nodi gyda'ch sefydliad eich bod yn siarad Cymraeg ar gyfer data Adnoddau Dynol – mae'n sgìl ychwanegol yn y gweithle, nid rhywbeth i'w guddio!

Remember to let your organisation know that you speak Welsh so that this is reflected in HR data – it is an additional skill in the workplace, not something to hide!

Cynigiwch a hyrwyddo gwasanaethau Cymraeg – a monitro'r defnydd ohonynt.

Offer and promote Welsh-language services – and monitor their use.

Trefnwch gwrs gloywi iaith i staff a oedd yn arfer bod yn gymharol rugl ond sydd wedi colli rhywfaint o'r gallu hwnnw ac felly'r hyder i ddefnyddio'r iaith gydag eraill.

Organise a refresher training course for staff who were once reasonably fluent but have lost some of that ability and subsequently the confidence to use the language with others.

Ystyriwch sut i fynd ati i drefnu ymgyrch genedlaethol yn tynnu sylw at y rhesymau pam mae dwyieithrwydd yn y gweithle yn bwysig.

Consider how to organise a national campaign to promote why bilingualism is important in the workplace.

Os ydych chi'n gweithio mewn gweithle sy'n esiampl dda i eraill, beth am gysylltu â gweithleoedd eraill a rhannu eich arferion da â nhw?

If you work in a workplace that is a good example to others, how about contacting other workplaces to share your good practices with them?

Beth am hybu gweithwyr di-Gymraeg i wella'u Cymraeg trwy ddefnyddio 'Gair Cymraeg y Dydd' ar wefan y BBC?

Encourage the non-Welsh-speaking members of the workforce to improve their Welsh by using the 'Welsh Word of the Day' on the BBC website.

Defnyddiwch eiriau Cymraeg fel cyfrineiriau cyfrifiaduron i ymarfer eich sillafu Cymraeg.

Use Welsh words as computer passwords in order to practise your Welsh spelling.

Sicrhewch fod gan bob adran neu fan gwaith o leiaf un neu ddau o siaradwyr Cymraeg er mwyn gallu gwasanaethu eich cwsmeriaid yn fwy effeithiol.

Make sure that every department or workplace includes at least one or two Welsh speakers so that you can serve your customers more effectively.

Gadewch i'ch staff ddysgu'r iaith yn ystod oriau gwaith neu gael yr opsiwn i gynnwys yr oriau ychwanegol yn eu horiau gwaith os yw'r cwrs gyda'r nos.

Allow staff to learn the language during working hours or to re-claim the time if the course is during the evening.

Anelwch at gael o leiaf pum sgwrs Gymraeg y dydd yn y gweithle.

Aim at having at least five Welsh conversations per day at work.

Crëwch fforwm neu weithgor iaith yn eich gweithle i hybu'r Gymraeg a manteision gweithlu dwyieithog.

Create a language forum or working group at work to promote the Welsh language and the benefits of a bilingual workforce.

Rhannwch arferion da rhai gweithleoedd sydd yn amlwg â pholisi iaith cryf sy'n cael ei weithredu ac sy'n cefnogi staff (gan gynnwys y rhai di-Gymraeg) drwy gynnal sesiynau hyfforddiant (e.e. beth i wneud os yw person yn dechrau sgwrs yn Gymraeg). Dyma sut mae denu cwsmeriaid yn ôl dro ar ôl tro!

Share the good practices of workplaces that clearly have a robust language policy which is implemented and supported by staff (including non-Welsh speakers) by holding training sessions (e.g. what to do if somebody starts a conversation in Welsh). This is how to ensure that customers come back to you!

Hysbysebwch fwy o swyddi lle mae'r gallu i siarad Cymraeg yn sgìl hanfodol yn y disgrifiad person.

Advertise more jobs where the ability to speak Welsh is described as being 'essential' on the person specification.

Os oes gan gyflogwyr mawr (cynghorau lleol, y llywodraeth, prifysgolion, y gwasanaeth iechyd) weithlu sy'n dysgu Cymraeg ar gyfer eu swyddi, mae angen iddynt gael llwybr dysgu pendant sy'n cael ei gymeradwyo a'i oruchwylio gan y Ganolfan Cymraeg i Oedolion berthnasol.

If large employers (local councils, the government, universities, the health service) have workforces who are learning Welsh for their jobs, they need clear learning pathways which are approved and supervised by the relevant Welsh for Adults Centre.

Penodwch bencampwyr iaith yn y gweithle i helpu hybu'r iaith.

Appoint Welsh language champions in the workplace to help promote the language.

Mae angen i siaradwyr Cymraeg o fewn gweithleoedd gymryd rhan mewn cynllun 'buddy'/ffrind iaith i'r di-Gymraeg.

Welsh speakers in workforces need to commit to a 'buddy'/language friend scheme for non-Welsh speakers.

Gofynnwch faint o weithwyr sydd â chymhwyster TGAU neu lefel A yn y Gymraeg, a gofynnwch iddynt sut gallwch chi helpu i ddatblygu eu sgiliau a'u hyder i ddefnyddio'r iaith.

Ask how many workers have a GCSE or A-level qualification in Welsh, and ask them how you can help them to develop their skills and their confidence to use the language.

Siaradwch Gymraeg gyda phobl yn y gweithle yr ydych yn gwybod eu bod yn gallu gwneud hynny ond sy'n dewis peidio.

Speak Welsh to people at work who you know can speak the language but choose not to.

Defnyddiwch symbol 'Siarad Cymraeg'/y ddraig goch ger manylion cyswllt staff sy'n gallu'r iaith ar wefannau ac mewn cyhoeddiadau.

Use a Welsh-speaker/red dragon symbol next to relevant staff contact details on websites and in publications.

Faint bynnag o Gymraeg rydych chi'n ei siarad yn y gweithle, ymdrechwch i siarad mwy!

However much Welsh you speak in the workplace at present, strive for more!

Lluniwch ryw fath o ddeunydd cyfathrebu, e.e. taflen wybodaeth neu erthygl mewn cylchlythyr, sy'n nodi hanes yr iaith Gymraeg er mwyn codi ymwybyddiaeth staff.

Prepare some form of communication, e.g. flyer or newsletter article, detailing the history of the Welsh language, thereby raising staff awareness.

Trefnwch ddiwrnod meithrin tîm ar thema 'Cymraeg'.

Organise a Welsh-language themed team building day.

Gartref gyda'r teulu
At home with the family

Siaradwch Gymraeg â'ch plant. Dyna'r peth amlycaf a phwysicaf y gallwch ei wneud er lles yr iaith. Os taw Cymraeg yw eich mamiaith, sicrhewch fod eich plant yn cael yr un fraint. Mae'n wastraff llwyr peidio â magu eich plant yn Gymraeg mewn sefyllfa o'r fath.

Speak Welsh to your children. It's the most obvious but important thing you can do for the language. If Welsh is your first language, make sure your children get the same privilege. It's a complete waste not to bring up your children in Welsh in this type of situation.

Anogwch fwy o rieni i ddal ati i siarad Cymraeg gyda'u plant trwy'r amser, hyd yn oed pan fydd y plant yn ymateb yn Saesneg. Mi fues i'n siarad Cymraeg gyda fy mhlant am bum mlynedd cyn iddyn nhw ddechrau fy ateb yn Gymraeg.

Encourage more parents to carry on speaking Welsh with their children at all times, even when the children respond in English. I spoke Welsh with my children for five years before they started responding in Welsh.

Os ydych yn byw ar aelwyd gymysg, helpwch eich partner i ddysgu Cymraeg, yn enwedig os oes plant gyda chi.

If you live in a mixed-language household, help your partner to learn Welsh, especially if you have children.

Labelwch bethau yn Gymraeg, yn arbennig pethau yn y gegin. Bob tro rydych chi'n defnyddio'r offer, bydd yn eich atgoffa o'r enw. Dw i'n hoffi coginio felly prynais lyfr *Paned a Chacen* gan Elliw Gwawr – roedd e'n ddefnyddiol iawn fel canllaw wrth i mi lunio fy labeli.

Place Welsh-language labels on items, in the kitchen in particular. Every time you use the item, you will be reminded of its name. I like to cook, so I bought the *Paned a Chacen* (Cuppa and a Cake) recipe book by Elliw Gwawr – it was very useful when I was writing my labels.

bara
caws
selsig
llaeth

Ysgrifennwch eich rhestr siopa yn Gymraeg ac ymarfer y geiriau newydd gyda'r plant tra byddwch yn siopa.
Write your shopping list in Welsh and practise the new words with the children when shopping.

Dysgwch anthem genedlaethol Cymru, a'i chanu. Dysgwch y geiriau i'ch plant a chanwch hi gyda hwy cyn gêmau rygbi.
Learn the Welsh national anthem, and sing it. Teach your children the words and sing the anthem with them before rugby matches.

Gwnewch addewid i ddefnyddio'r Gymraeg bob dydd, hyd yn oed os yw hynny'n golygu cyfarch pawb yn y teulu gyda 'bore da' neu 'Wyt ti eisiau paned?'
Make a pledge to use the Welsh language every day, even if that means saying 'bore da' ('good morning') neu 'Wyt ti eisiau paned?' ('Do you want a cuppa?') to every member of the family.

Dysgwch un gair Cymraeg newydd i'ch plentyn bob dydd.
Teach one new Welsh word to your child every day.

Gwnewch yn siŵr fod pob cerdyn pen-blwydd a cherdyn Nadolig yr ydych chi'n eu hanfon fel teulu yn rhai Cymraeg. (Defnyddiwch rai dwyieithog ar gyfer eich cyfeillion di-Gymraeg os oes rhaid!)

Ensure that every birthday card and Christmas card that you send as a family are Welsh ones. (Use bilingual ones for your non-Welsh-speaking friends if you must!)

Defnyddiwch gymalau cyffredin Cymraeg gyda phob aelod o'ch teulu. Defnyddiwch frawddegau byr yn gyffredinol.

Hoffet ti baned o de?   **Wyt ti'n barod i fynd?**
Would you like a cuppa?   Are you ready to go?

Use day-to-day Welsh with all your family. Use generally short sentences.

Dechreuwch sgyrsiau yn Gymraeg gydag unrhyw aelod o'r teulu estynedig sy'n siarad neu'n dysgu Cymraeg.

Start conversations in Welsh with any member of the extended family who speaks Welsh or is learning.

Gofynnwch i'ch canolfan iaith leol am gyrsiau Cymraeg penodol i rieni. Byddech chi'n synnu gweld faint o gyrsiau arbenigol a gynigir yn y gymuned.

Ask your local language centre for specific Welsh courses for parents. You'd be amazed to discover how many specialised courses are available in the community.

Gofynnwch i'ch ysgol Gymraeg leol annog cysylltiadau rhwng y cartref a'r ysgol.

Ask your local Welsh-medium school to encourage home-school links.

Rhowch gymaint o amser ag sydd ei angen i ddysgwyr yn eich teulu sydd yn ceisio eu gorau i ddysgu'r iaith.

Give as much time as needed to learners in your family who are trying their best to learn the language.

Os oes aelwyd iaith gymysg gartref lle nad yw'r Gymraeg yn cael ei siarad mor aml ag yr hoffech, beth am ddynodi rhai gweithgareddau teuluol yn rhai Cymraeg (e.e. mynychu gêmau rygbi/pêl-droed, mynd i'r parc, pobi yn y tŷ)?

If you have a mixed-language household where Welsh isn't spoken as much as you would like, why not decide to make some family activities Welsh-language ones (e.g. attending rugby/football matches, going to the park, baking in the house)?

Gwnewch reolau i ymarfer y Gymraeg yn y tŷ. Gellir cael 'yr awr Gymraeg' lle taw dim ond Cymraeg fydd iaith yr aelwyd am yr awr nesaf. Bydd y sawl sy'n baglu ac yn gorfod defnyddio gair neu frawddeg Saesneg yn gorfod talu 20c tuag at gronfa hufen iâ'r teulu ar gyfer gwyliau'r haf.

Set rules to practise Welsh in the house. You could introduce 'the Welsh hour' where Welsh will be the only language spoken in the household for the next hour. Anyone who stumbles and has to use an English word or sentence has to contribute 20p towards the family's ice cream fund for the summer holidays.

Beth am wylio o leiaf dair rhaglen Gymraeg bob wythnos fel teulu? Yna gallwch gael sgwrs ar ôl pob rhaglen i drafod pa eiriau newydd a ddaeth i'r amlwg. Neu gallech fynd un cam ymhellach ac ymweld ag un wefan Gymraeg newydd bob dydd.

Watch at least three Welsh-language programmes a week as a family. Why not have a discussion after each programme about the new words which you have learnt? Or you can go one step further and visit one new Welsh-language website every day.

Anogwch y teulu cyfan i siarad cymaint o Gymraeg â phosibl gartref.

Encourage the whole family to speak as much Welsh as possible at home.

Dathlwch Ddiwrnod Santes Dwynwen yn lle (neu yn ogystal â!) Dydd San Ffolant.

Celebrate St Dwynwen's Day instead of (or as well as!) Valentine's Day.

Priodwch yn Gymraeg. Gwnewch yn siŵr fod pawb y byddwch yn eu dewis, o'r person coluro i'r gwasanaeth arlwyo, yn siarad Cymraeg neu'n defnyddio cynnyrch Cymreig.

Get married in Welsh. Make sure that everyone you choose, from the make-up artist to the caterers, speaks Welsh or sources materials/products from Wales.

Dewch â mwy o Gymry bach i'r byd!
Bring more little Welsh people into the world!

Gofynnwch am fydwraig sy'n siarad Cymraeg pan fyddwch chi'n disgwyl.

Ask for a midwife who speaks Welsh when you're expecting.

Cofrestrwch eich babi yn Gymraeg.

Register your baby in Welsh.

Siaradwch Gymraeg gyda'ch babi o'r funud y caiff ei eni. Mae'n anodd newid iaith yn hwyrach ymlaen.

Speak Welsh to your baby from the minute he or she is born. It's difficult to change language later on.

Cofiwch fod dwy iaith yn well nag un o ran datblygiad meddyliol eich plentyn.

Remember that two languages are better than one for your child's mental development.

Dewiswch feithrinfa neu ofalwyr plant sy'n Gymraeg neu o leiaf yn ddwyieithog.

Choose a Welsh-medium nursery or Welsh-speaking childminders, or bilingual ones at least.

Defnyddiwch a chefnogwch eich Cylch Meithrin lleol.

Use and support your local Cylch Meithrin.

Defnyddiwch a chefnogwch eich Cylch Ti a Fi lleol, a chwrdd â rhieni eraill sydd yn yr un sefyllfa â chi.

Use and support your local Ti a Fi playgroup, and meet other parents in the same situation as you.

mudiad meithrin

Ymwelwch â mamau newydd i hyrwyddo manteision dwyieithrwydd.

Visit new mums to promote the benefits of bilingualism.

Hybwch fanteision addysg Gymraeg ymhlith rhieni eraill. Rhowch gymorth iddynt fynd ati i fynnu addysg Gymraeg i'w plant.

Promote the advantages of Welsh-medium education to other parents. Assist them to go about getting a Welsh-medium education for their children.

Anfonwch wahoddiadau parti pen-blwydd eich plant yn ddwyieithog – Cymraeg yn gyntaf ac yna'r Saesneg.

Make your children's birthday party invites bilingual – Welsh first, then English.

Anogwch eich plant i ymuno â sefydliadau Cymraeg yn eich cymuned.

Encourage your children to join Welsh establishments in your community.

Dysgwch eich plant i ddawnsio gwerin.

Teach your children Welsh folk dancing.

Anogwch eich plant i wisgo coch ar ddiwrnod gêm rygbi ryngwladol.

Encourage your children to wear red on an international rugby match day.

Prynwch deganau pren, gyda'r wyddor Gymraeg arnynt er enghraifft, er mwyn i chi ddysgu gyda'ch plant.

Buy wooden toys, with the Welsh alphabet on them for example, so you can learn with your children.

Chwaraewch 'Gwelaf i gyda'm llygad bach i...' ar siwrneiau hir yn y car i ymarfer yr wyddor ac ynganu.

Play 'I spy...' in Welsh ('Gwelaf i gyda'm llygad bach i...') on long car journeys to practise the alphabet and pronunciation.

Os ydych yn chwarae gêm sy'n defnyddio dis, defnyddiwch rifau Cymraeg.

If you play a game which uses a dice, use Welsh numbers.

Prynwch weithgareddau a gêmau Cymraeg y mae modd i chi eu chwarae gartref gyda'r plant e.e. Scrabble Cymraeg neu deganau sy'n siarad Cymraeg i'r rhai ifanc iawn.

Buy Welsh games and activities that you can play at home with your children e.g. Scrabble in Welsh or toys that speak Welsh for the very young.

Prynwch lyfrau sticeri y gallwch eu defnyddio i labelu pethau yn Gymraeg yn y tŷ.

Buy sticker books and use them to label household items in Welsh.

Anogwch eich plant i chwarae gêmau Cymraeg ar y cyfrifiadur e.e. gwefan S4C, BBC Cymru ac aps Cymraeg.

Encourage your children to play Welsh games on the computer e.g. S4C website, BBC Cymru website and Welsh apps.

Prynwch aps Cymraeg i'r teulu.

Buy Welsh-language apps for the family.

Rhowch fathodyn Cymru ar eich car, cwch neu dractor a chodwch faner yn eich gardd.

Put a Welsh flag sticker on your car, boat or tractor and raise a Welsh flag in your garden.

Paratowch lyfrynnau dwyieithog i hyrwyddo cymalau cyffredin a geiriau a ddefnyddir yn y cartref. Defnyddiwch fagnetau oergell gydag arwyddion a geiriau dwyieithog arnynt fel un ffordd o atgoffa'r teulu.

Produce simple bilingual booklets to promote commonly used phrases and household words, and use fridge magnets with bilingual signs and words as a reminder.

Rhowch faner Cymru yn ystafelloedd gwely eich plant i sicrhau eu bod yn cysylltu eu hunain â Chymru ac yn ystyried eu hunain yn Gymry.

Put a Welsh flag up in your children's bedrooms so that they associate themselves with Wales and being Welsh.

Gwyliwch S4C gyda'ch gilydd fel teulu – gydag is-deitlau os oes angen – a gwrandewch ar Radio Cymru yn y tŷ i wneud yr iaith yn rhywbeth cyfarwydd yn ogystal ag i wella eich Cymraeg, hyd yn oed os mai dim ond Cymraeg sylfaenol iawn sydd gennych.

Watch S4C together as a family – with subtitles if needed – and listen to Radio Cymru in the house to normalise the language and improve your Welsh, even if your Welsh is very basic.

Os bydd eich plant yn gwylio'r teledu, sicrhewch eu bod yn gwylio Cyw neu Stwnsh ar S4C. Mae'n syndod faint o Gymraeg y gall eich plant ei ddysgu fel hyn.

If your children watch TV, make sure it's Cyw or Stwnsh on S4C. It's surprising how much Welsh your little ones will pick up this way.

Gwyliwch DVDs Cymraeg.

Watch Welsh-language DVDs.

Os ydych yn gweithio yn y cyfryngau, ceisiwch sicrhau bod mwy o raglenni o safon ar deledu Cymraeg, ac yn enwedig felly i bobl ifanc.

If you work in the media, try to ensure that there are more high-quality programmes on Welsh TV, especially for young people.

Canwch ganeuon Cymraeg yn y tŷ wrth olchi'r llestri neu wneud gwaith tŷ.

Sing Welsh songs in the house while washing dishes or doing housework.

Dysgwch a chanu caneuon Cymraeg gyda'ch plant.

Learn and sing Welsh songs with your children.

Gwrandewch ar gryno-ddisgiau cerddoriaeth Gymraeg gyda'ch plant, megis cryno-ddisgiau Twf, sydd hefyd yn cynnig cymalau syml i'w defnyddio.

Listen to Welsh music CDs with your children, such as the Twf CDs, which also give simple phrases to use.

Newidiwch iaith eich ffôn i'r Gymraeg. Mae gan yr iPhone opsiwn ar gyfer newid eich calendr i'r Gymraeg.

Change your phone settings to Welsh. The iPhone lets you change your calendar settings to Welsh.

Tecstiwch eich plant yn Gymraeg.

Text your children in Welsh.

<3 t

wdi ffnio t

Darllenwch lyfrau Cymraeg i'ch plant amser gwely bob nos yn ddi-ffael.

Read Welsh books to your children at bedtime every night without fail.

Cyfieithwch lyfrau am arwyr comics Saesneg fel Spiderman, Ironman a Batman i'r Gymraeg i'ch plant.

Translate English books about superheroes like Spiderman, Ironman and Batman into Welsh for your children.

Ewch â'ch plant i lyfrgelloedd lleol i ddarllen llyfrau Cymraeg.

Take your children to local libraries to read Welsh books.

Canwch hwiangerddi a chaneuon Cymraeg i'ch plant, neu os nad ydych yn siarad Cymraeg, gofynnwch i'ch plant ddysgu cân Gymraeg i chi.

Sing Welsh nursery rhymes and songs to your children, or if you cannot speak Welsh, ask your children to teach you a Welsh song.

Dysgwch hanes Cymru i'ch plant – peidiwch â dibynnu ar yr ysgol i wneud hynny.

Teach Welsh history to your children – don't just rely on the school to do so.

Crëwch lyfr bach o hanes Cymru i'ch plant ac ymweld â llefydd sy'n bwysig iawn i'n cenedl, megis Cilmeri, Beddgelert a chestyll Cymru – dim ond llond llaw sydd yma, chwiliwch am fwy!

Create a Welsh history booklet for your children and visit places which are very important to our nation, such as Cilmeri, Beddgelert and Welsh castles, to name but a few.

Dysgwch eich plant i ddeall eu hunaniaeth ac i ymfalchïo yn eu hanes a bydd hyn yn eu sbarduno i barhau i ddefnyddio'r iaith ac i'w thrysori a'i gwerthfawrogi.

Teach your children to understand their identity and to be proud of their history and this will spur them on to use the language and to treasure and appreciate it.

Ewch ar wyliau i'r Wladfa er mwyn cael ysbrydoliaeth!

Go on holiday to Patagonia to be inspired!

Anogwch eich plant i wisgo crysau-T gyda sloganau neu eiriau Cymraeg arnynt. Mae'n tynnu sylw ac yn dechrau trafodaeth.

Encourage your children to wear T-shirts with Welsh slogans or words. It draws attention and prompts discussion.

Gweddïwch yn uchel yn Gymraeg bob dydd.

Say a prayer out loud in Welsh every day.

Defnyddiwch ryngwyneb Cymraeg ar eich cyfrifiadur gartref (Microsoft Office).

Install a Welsh-language interface on your home computer (Microsoft Office).

Defnyddiwch feddalwedd Cymraeg fel Cysill a Cysgeir i'ch helpu â gramadeg, sillafu a threiglo yn Gymraeg ar eich cyfrifiadur gartref.

Use Welsh software such as Cysill and Cysgeir on your home computer to help with Welsh grammar, spelling and mutations.

Cysylltwch â'ch menter iaith leol ac ymuno â'u rhestr ddosbarthu i weld pa ddigwyddiadau sydd ar gael i chi a'ch plant yn Gymraeg.

Contact your local Welsh language initiative and join their mailing list to see which events are organised for you and your children in Welsh.

Mynychwch ddigwyddiadau Cymraeg sy'n cael eu trefnu ar y penwythnos yn eich ardal er mwyn i'r teulu cyfan allu mynd allan a chymryd rhan mewn digwyddiadau cymdeithasol drwy gyfrwng y Gymraeg.

Attend and participate in Welsh-language events that are arranged on weekends in your area so that the entire family can go out and engage in a social event through the medium of Welsh.

Rhowch enw Cymraeg ar eich anifail anwes!

Give your pet a Welsh name!

Siaradwch â'r ci yn Gymraeg! Dysgwch iddo ymateb i orchmynion Cymraeg. Mae cŵn yn gallu bod yn ddwyieithog hefyd!

Talk to the dog in Welsh! Teach the dog to respond to commands in Welsh. Dogs can be bilingual too!

Siaradwch â'r pysgodyn aur, cath neu fwji yn Gymraeg. Chewch chi ddim ateb, ond maent yn wrandawyr penigamp!

Talk to your goldfish, cat or budgie in Welsh. You won't get an answer, but they are superb listeners!

Gofynnwch a allwch drefnu digwyddiadau Cymraeg i'r teulu yn eich neuadd neu gyfleuster cymunedol lleol unwaith y mis er mwyn i deuluoedd allu dod ynghyd i siarad Cymraeg beth bynnag fo'u gallu, gan gryfhau'r gymuned a gwella Cymraeg pawb yn y broses.

Ask if you can organise a Welsh-language family event in your local community hall or facility once a month so that families can come together to talk in varying levels of Welsh, strengthening the community and improving everyone's Welsh in the process.

Gofynnwch a allwch helpu i hysbysebu gweithgareddau Cymraeg i'r teulu yn eich ardal e.e. drwy helpu i ddosbarthu taflenni.
Ask if you can help advertise Welsh-language activities for families in your area e.g. by helping with a leaflet drop.

Awgrymwch wrth ddarparwr hyfforddiant y gellid trefnu hyfforddiant Cymraeg sy'n cynnwys y teulu cyfan, gan ganolbwyntio ar ddefnyddio'r plant fel ffordd o ymarfer a dysgu yn hytrach na'r hyfforddiant hynod ffurfiol sydd eisoes ar gael.
Suggest that a training provider organises family Welsh-language training which utilises children as the medium for practice and learning rather than the highly formal Welsh-language training already available.

Holwch am gyrsiau penodol megis 'Cymraeg i'r Teulu' a 'Cymraeg o'r Crud' a rhowch wybod amdanynt i deuluoedd eraill.
Find out about specific courses such as 'Cymraeg i'r Teulu' (Welsh for the family) and 'Cymraeg o'r Crud' (Welsh from birth) and tell other families about them.

Chwaraewch gêm fwrdd gyda'ch plant a defnyddio'r Gymraeg yn unig wrth chwarae.
Play a board game with your children and only use Welsh when playing.

Pan fyddwch chi'n mynd am bryd gyda'r teulu, sicrhewch eich bod yn mynd i leoliad Cymraeg ei iaith. Mae digonedd ohonynt ar gael – cefnogwch nhw!

When you go out for a family meal, make sure that you go to a predominantly Welsh-speaking venue. There are plenty to choose from – make sure that you support them!

Cefnogwch fusnesau teuluol Cymraeg eu hiaith.

Support Welsh-speaking family businesses.

Cofiwch nad oes rhaid i chi fod yn perthyn i'r genedl Gymreig i fod yn deulu o Gymry.

Remember that you don't have to belong to the Welsh nation to be a Welsh family.

Ac yn olaf... Gwireddwch un syniad o'r llyfr hwn bob dydd!
Last but not least... Realise one idea from this book every day!